覚醒せよ！
日本人が世界を救う具体的な3つの方法 陰 上巻

大西つねき

日本人が世界を救う具体的な3つの方法〈陰／上巻〉　目次

第一部　国家としてできること

第一章　これを知らずに生き残れるか？日本と世界の現状

第四章　政府紙幣の発行で全ては根本的に解決する

第五章　本質に目を向け、全てをゼロから考える

第六章　日本人が世界を変える具体的な3つの方法

日本人が世界を救う具体的な３つの方法〈陽／下巻〉　目次

第二部　ワガママのススメ

・「全てを疑え」それが宇宙の真理である！

第九章　我々をずっと縛ってきた親子関係と愛の呪い

・人類普遍のテーマ「愛」は存在するか？
・親が子どもに刷り込み続けてきた条件つきの愛
・あなたの子どもも足下の石ころも同じ、特別な何かは存在しない
・女性性本来の壮大な広がりが世界中の争いを収める
・全てを受け入れる覚悟をして不安を手放す

第十章　親からかけられ続けた呪いを解く方法

・今、全ては完璧であることを知る
・周りだけではなく、自分も今、完璧であると知る
・わからない人の気持ちよりわかる自分の気持ちを優先する
・過去の体験に反応することをやめる

第十一章　常に今、ここにいる自分に従って生きるために

・自分がわからなくなる脳の作り方
・自分の心を知るために心がけるべきこと
・物心がつくとは物を認識する心の確立である
・本当の自分は常に今、ここにいる
・やりたいことを見つけるには、今の心に従い続けること

カバーデザイン　ねこハウス
本文仮名書体　文麗仮名（キャップス）

第一部　国家としてできること

日本人が世界を救うために決定的に欠けていること

最近、気になっていることがある。それは2025年7月に何かが起こるとか、その後に日本人が世界を救うとか、私が見ている範囲内に限られるが、そんな発信をネットでよく見かけるようになった。

確かに、そんなピンポイントなタイミングかどうかわからないが、今の金融経済の仕組みはギリギリの状況は迎えているし、大きなリセットが行われたとしても不思議ではない。

また、それがいかに多くの人にとってアンフェアで搾取的だったとしても、今の政治、経済、金融の仕組みがあまりに強大で、変えることが難しく、いっそ大きく壊れてしまえと多くの人が心の底で望み、それが現実化する可能性もあるかもしれない。

いずれにしても、この本をあなたが読んでいる今が、その期日の前なのか後なのか、すでに何かが起きてしまっているのか、何事もなく過ぎているのかはわからないが、一つだけ確かなことが私はあると思う。

それは、もし人類が続くのであれば、今のあり方をこのままずっと続けるわけにはいかないということ。そして、その変化を促す事象は必ず起きるということだ。それが何かの大きな出来事か、一連の出来事の積み重ねなのかはわからないが、新しい創造を促す長期的な破壊は必ず起こる。

その時に、我々日本人が大きな役割を果たすであろうということは、実は私も概ね同意する。だが、多くのそのような言説に決定的に足りないものがあると思う。それは具体性だ。

具体的に、日本人が持つ何が、どのようにして、世界を変える力になるのか。その具体性がなければ、残念ながら、この物理次元での事象化は難しい。一人一人がそれを理解し、そこにつながる具体的な行動を、今いる足元から起こしていかなければ、恐らく目の前の現実は変わらない。

だから、私は本書を著している。本書では、我々日本人が持つ具体的な三つの鍵と、その使い方について書く。どうか多くの人に読んでいただき、さらに多くの人に読むように薦めていただきたい。なぜなら、あまり時間の猶予はないと思うからだ。

それは2025年に何かあるという言説からというよりも、より具体的なデータと状況に基づいた洞察だ。今の金融の仕組みは長くは続かない。なぜなら、世界中で最も氾濫《はんらん》しているドルが、もはや基軸通貨としての役割を失いつつあり、その発行の裏に存在する膨大な借金が返済不可能であることは明白だからだ。早晩、そのアメリカに追随し続けている日本も大きなツケを払わされる。この状況を事実として認識し、その現状認識から具体的なステップを踏んで世界を変えるのか、具体策もない夢を見続けるのか、それどころか、莫大なツケを負わされ、生贄《いけにえ》にされるのか、それらは今、我々一人一人の行動にかかっている。

日本人とは何か？

そもそも日本人とは何だろう？　純粋な日本人はいるのだろうか？　当たり前の話だが、我々は皆、人類がずっと少なかった太古の時代から命をつないで今に至る。つまり、皆が同じような祖先を持ち、あちこち移動して混ざり合いながら、ほんの数十年から数百年、この地に住んでいる人たちを日本人と呼んでいるに過ぎない。それでも現存する世界最古の、しかも島国なので、世界でも類を見ない同族性が保たれた可能性は否めないが、DNA的にもかなりバラツキはある。つまり、血族的な定義だけでは弱いのだ。

では、日本の文化や伝統、精神性や言語を共有する人々のことだろうか？

確かにそれらは非常にユニークで、その共有は日本人としてのアイデンティティを定義する重要な要素かもしれない。しかし、我々はどれだけそれらの本質をしっかりと受け継いでいるだろうか？

近年では急速に西欧化が進み、日本の文化や伝統の多くが失われつつある。形骸化し、形だけは残っていても、本来の精神性が失われていることも多い。言語も軽薄化し、そもそも本音を語ってすらいないのではないか。

それでもし言霊というものがあるなら、本音では望まない世界を作ってしまうことになる。そんな日本人が世界を救うなど、思い上がりではないだろうか。

私はどちらかと言うと、そんなフワッとした優越感に怖さを感じる。それはまるで、日本人が特別で、その一員であることに誇りを感じ、自分個人では持てない誇りの穴を埋めようとしているかのようだ。海外で日本のスポーツ選手などが活躍することに、自分のことでもないのにあれだけ大騒ぎするのも、そんな心理が働いているように思える。

私が言う日本人とは、もっとシンプルに、行動主体だ。日本という国に日本国憲法があり、その憲法の下に法律が制定される。したがって、その共通のルールによって行動する人たちが日本人だ。また、国家として結んでいる条約や所属している国際機関があり、その取り決めの中で行動する政府職員や企業の株主、従業員、個人たちも日本人だ。そして、それらが所有する全ての資産や負債も、その日本人の行動を決める重要な要素となる。

私が考える日本が世界を救う可能性とは、その具体的な状況と、そこから起こし得る実際の行動から導き出した一つの仮説だ。仮説に過ぎないが、何もない精神論の方が遥かに危険だと思っている。我々はかつて戦時中、それで悲惨な結果を招いたのではなかったか。当時も「無敵皇軍」のような根拠のないスローガンが流布されたが、それとフワッとした「日本人が特別」説は同じように聞こえる。

我々は二度と同じ轍を踏むべきではない。下手をすると、世界を救うどころか、また同じ敗戦を繰り返す。もし日本が世界を救う可能性があるなら、今度こそ着実に実行すべきだ。そのために必要なのは具体性、すなわち、現状に対するしっかりとした認識と洞察、そしてそこから起こし得る実際の行動を一人一人が自覚し、それを具現化させることだ。次章からまず、その現状について説明する。

第一章

これを知らずに生き残れるか？
日本と世界の現状

政府の借金は国民の資産！　世界一の対外純資産国である！

まず、日本の現状についての大きな誤解は、日本が借金まみれだということである。これは明らかな間違いだ。借金まみれなのは日本政府であって、日本国ではない。

国と政府は違う。国＝政府ではなく、国＝政府＋民間だ。確かに日本政府は1200兆円以上の借金を負っていて、毎年そのニュースは報道される。しかし、それは「国の借金、過去最大の1276兆円、一人あたり1000万円以上」というプロパガンダに変換される。真っ赤な嘘である。

明らかな事実として、日本政府にお金を貸しているのは日本の民間だ。日本国債の9割近くは日本人が持っている。皆さんにその認識はないかもしれないが、皆さんがお金を預けている銀行や証券会社が持っている。つまり、間接的でも、持ち主は皆さんだ。したがって、政府の借金は国民の資産であり、正確に報道するなら「政府の借金、過去最大の１２７６兆円、国民の資産一人あたり１０００万円以上」というのが正解だ。

要するに、「政府の借金＝国民の資産」であって、皆さんが返さなければいけないものではない。もし仮に国民が税金で政府の借金を返すとなると、政府の借金分の税金が国民の資産から取られ、政府の借金がなくなれば国民の資産も消える。これは当たり前の事実であって、そのメカニズムはお金の発行の仕組みと共に後ほど説明する。

さて、話を戻すと、つまりこれは国内の貸し借りであって、大騒ぎすることではない。例えて言うなら、家の中でお父さんがお母さんにお金を借りるようなものだ。さらにそのお母さんが世界一の貯金を外に持っていれ

表１．主要国（地域）の対外純資産

日本	471兆3,061億円	（令和５年末）
ドイツ	454兆7,666億円	（令和５年末）
中国	412兆2,509億円	（令和５年末）
香港	253兆2,509億円	（令和５年末）
ノルウェー	213兆2,643億円	（令和５年末）
カナダ	179兆5,388億円	（令和５年末）
ロシア	121兆6,894億円	（令和５年末）
イタリア	24兆2,397億円	（令和５年末）
フランス	▲129兆3,333億円	（令和５年末）
英国	▲149兆　824億円	（令和５年末）
アメリカ合衆国	▲2,805兆2,713億円	（令和５年末）

（注）１．日本以外の計数は、IMFで公表されている年末の為替レートにて円換算。
　　　２．一部中東諸国等については計数が公表されていない。
（出所）日本：財務省、ロシア：Bank of Russia、その他：IMF

ば、家庭内の格差を除き、対外的には何の問題もない。

実は日本はそういう国だ。政府（お父さん）が民間（お母さん）に1200兆円以上の借金を負っているが、政府、民間合わせた日本全体としてみれば、実は世界一の貯金を海外に持っている。それは毎年の財務省資料でわかる。

表1は2023（令和5）年末の最新の「主要国の対外純資産」という財務省資料だ。それによると、日

本は４７１兆円もの対外純資産を持つ世界一のお金持ち国だ。実はここまで33年間連続世界一。正に世界でダントツの純資産国なのだ。

一方、一番下を見てほしい。アメリカ合衆国、何とマイナス２８０５兆円である。アメリカは86年に純負債国に転落して以来、年々赤字を積み上げ、今や世界に類を見ない借金大国となっている。

この差はどこから来るかというと、経常収支、主に貿易で黒字を稼ぎ続けた日本と、赤字を出し続けたアメリカとの違いだ。日本は戦後復興で黒字を稼ぎ続けた結果、世界一の純資産を貯め、アメリカは赤字を出し続けて最大の赤字国になった。

だから、ここでは全て円建てで書いてあるが、実際は外貨、ほぼドル建てだと思っていい。なぜなら、国際決済はずっとドルで行われていて、輸入の代金をドルで払い、輸出の代金もドルで受け取るため、黒字も赤字もドルで貯まるからだ。

したがって、23年末の為替レートが1ドル＝141円だから、日本は約3・3兆ドルの純資産、アメリカは約20兆ドルの純負債ということになる。

繰り返しになるが、これは事実である。日本という国は、借金まみれどころか、33年間連続世界一の純資産を持つお金持ち国であり、アメリカ合衆国は世界一の貧乏国である。まず、この事実を確認しておいていただきたい。

「基軸通貨ドル」に全く裏付けがないことは世界の常識

そもそも、なぜ国際決済がドルで行われているのか。それは1945年に発効したブレトン・ウッズ協定に基づくものである。恐らく、第二次世界大戦の後、アメリカ合衆国が一番無傷で、その通貨が信頼できたからだろう。ドルを基軸とする固定為替相場制が戦後スタートした。

しかし、いくらアメリカが無傷だったとはいえ、所詮一国の通貨である。異論がなかったわけではない。例えば経済学者のケインズは、どの国の通貨でもない国際決済専用の通貨バンコールの導入を提唱したが、アメリカの反対で実現しなかった。

結局、ドルを金兌換通貨とし、金1オンス＝35ドルの交換を担保することで合意し、各国通貨も固定相場制でドルに紐づけられることにより、間接的に世界中の通貨がドルを通じて金の裏付けを持つ、金本位制がスタートした。

ところが、このブレトン・ウッズ体制は1971年、ニクソン大統領が突然ドルと金の交換を停止し、あっけなく崩壊した。これをニクソンショックという。背景にはベトナム戦争とインフレ、アメリカの赤字があった。膨大な戦費を必要としたアメリカがドルを増刷し、それが流出することにより、金との交換圧力がかかり、アメリカの金の保有量を上回ることを懸念し、交換を停止したというわけだ。

それ以来、アメリカ合衆国は、膨大なドルを裏付けのないまま更に刷り続け、世界中にバラまいて輸入し続けた。その結果が世界最大の対外純債務である。ちなみにアメリカの貿易赤字がいかに絶望的か、図2のグラフを見るとよくわかる。これは1970年から2022年までのアメリカの貿易収支の棒グラフだ。ニクソン大統領がドルと金の交換を停止したのは、左から二番目の目盛りの部分である。それと比べると、近年の赤字の酷さがわかる。

図２．米国の貿易収支

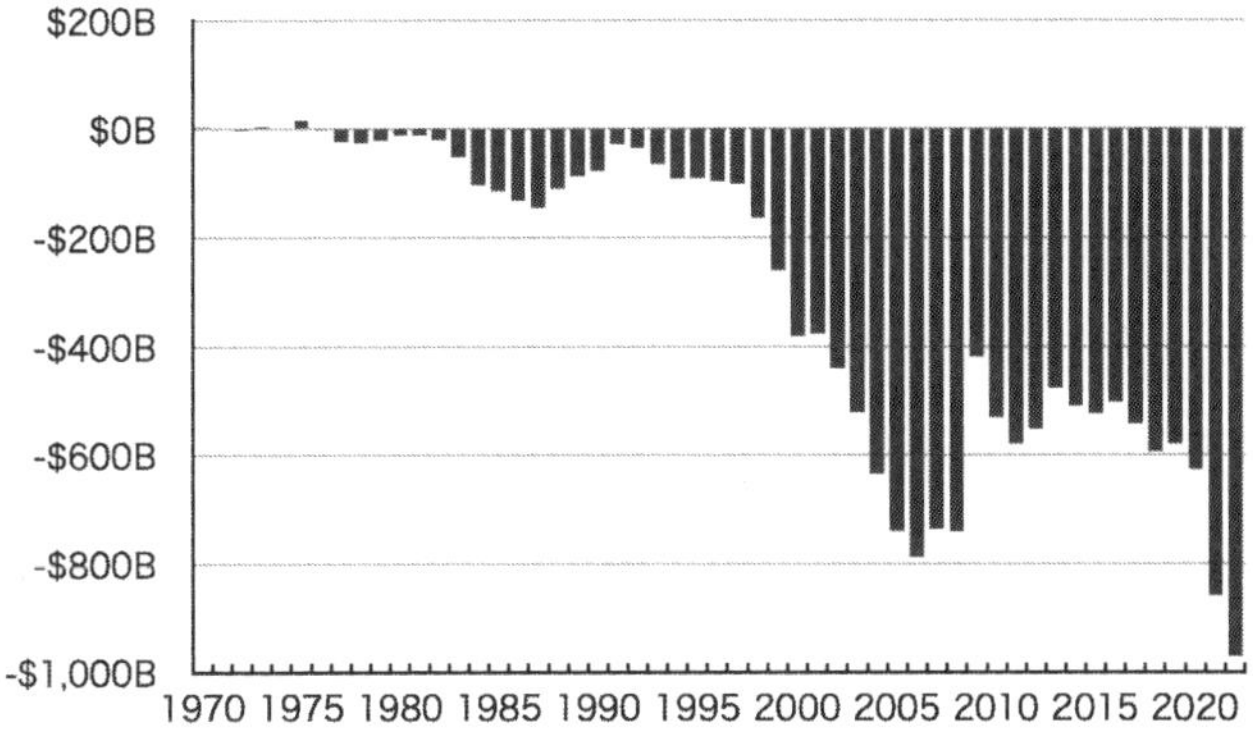

出典：世界銀行資料より著者作成

ちなみに、こんなデータは世界中どこからでも、誰でも調べられる。当然、世界中の政治指導者はみんな知っている。もし、こんな国の通貨を信頼し、自国の民が汗水垂らして作り出した価値あるものと交換し続けようとする指導者がいたとすれば、よほどの無能か、アメリカの言いなりの売国奴か、どちらかに違いない。

世界的なドル離れとBRICSの台頭

アメリカの今のこの状況は、世界で

は周知の事実である。よって、そこから脱却しようとする動きはとうの昔に始まっている。例えばロシアと中国は、ロシアンルーブルと人民元による貿易や、ドルを介さない通貨取引などを10年以上前から始めている。

その流れの先にあるのがBRICSだ。2023年のBRICSサミットではドル離れが明確となり、それぞれの通貨で決済をする方向に進んでいる。ここに、エチオピア、イラン、エジプト、UAEの4カ国が2024年の1月に加入し、さらに10月には13カ国がパートナー国として加わった。

その他にも、ASEAN諸国がドル離れを進めている。インドネシアを筆頭に、自国通貨での決済を増やしている。要するに、ドル離れが世界的に進んでいるのだ。実際、世界人口の85%を占める国々が、ロシアに対する西側の金融制裁に参加しなかった。当然である。ドルに依存し続ければ、アメリカに生殺与奪の権を与え、いつか同様の制裁を受ける可能性がある。到底返せないほどの赤字を抱えた国の通貨に、そんな価値がないことは明白なのだ。

要するに、ＢＲＩＣＳの台頭は、戦後の国際金融経済体制が根底から覆ることを意味する。もはや、アメリカを中心とする西側の支配体制は終わりを告げようとしている。特に、中東の国々がＢＲＩＣＳに入り始めたことは大きい。ドルの決済システムの大きな鍵となっていたのが、いわゆるペトロ（石油）ダラー、原油をドルで取引する仕組みだったからだ。それがどんな意味を持っていたのかは次に説明する。

世界一の借金大国がリッチに暮らす「ドル・リサイクリング」のメカニズム

皆さんは不思議に思わないだろうか？　なぜ、世界一の借金を負っている世界最貧国のアメリカ合衆国が、全くそんなイメージもなく、逆に世界一豪勢な生活を送っているのか？　それは、いわゆる「ドル・リサイクリング」によって赤字分を補塡《ほてん》してきたからだ。そのメカニズムを説明する。

前出の表1で示した通り、アメリカ合衆国は約20兆ドルもの、他国ではあり得ない純負債を負い、その分のドルを世界中にバラまいている。それを持っているのは上位に位置する対外純資産国で、一番持っているのは他ならぬ日本だ。

持つ理由は単純明快、それが輸入に必要で、特に石油はドルでしか買えなかったからだ。これをペトロダラーという。当然、現代は石油文明だから、石油がないと経済は回らない。だから、必ずどの国もアメリカドルが必要で、それを外貨準備として持っていた。しかし、ドルをキャッシュで持っても増えないので、それで米国債を買い、金利を稼いできた。米国債なら流動性も高く、必要となればいつでも市場で売却し、換金できるからだ。そして、それがこのからくりなのだ。

当たり前の話だが、ドルで買えるものは、それで輸入できる世界中のもの、特に石油、そしてアメリカ本国のものだ。基本的に前者を買うために世界中がドルを外貨準備として持つわけだが、もし後者を買うために使ったらどうなるだろう？

アメリカ自身の赤字でバラまいた正味約20兆ドルが、アメリカの主要な会社の株、不動産などを買うために使われてしまう。極端な話、アメリカがアメリカ人のものではなくなってしまう可能性がある。

実は、かつてそれに近いことを行った国がある。80年代の日本だ。バブル期に金融緩和で円が大量に増え、さらに円高で莫大な購買力を手にした日本企業が、ロックフェラーセンターを買い、コロンビア・ピクチャーズを買い、ハワイの有名ホテルを買い漁った。恐らく、相当反感を買ったであろう。その先に総量規制、バブル崩壊へとつながるのだが、それが完全に日本政府主導の政策変更だったのか、何らかの力がアメリカから加わったのか、歴史の裏側は私にもわからない。しかし、表で報道されていることだけが全てとは思わない方がいいだろう。

いずれにしても、アメリカ政府の債務は80年には1兆ドルに満たなかったものが年々増え続け、2000年代に入って6兆ドルを超えてから金融危機を経て加速、コロナをきっかけにさらに加速して、今や33兆ドルを超えている。これは世界中で周知の事実だ。

そして、アメリカ政府は恒常的にドル金利を高めに設定し、その金利に釣られて世界中の黒字国、特に日本が世界最大の米国債を買い、買った代金のドルはアメリカ政府に流れる。つまり、日本を筆頭に、世界中の黒字国が手に入れたドルで買うのは、米国債という紙切れの借用書であって、ドル自体はアメリカ本国に戻り、それを使ってアメリカ人が豊かに暮らしている。これがドル・リサイクリングのメカニズムだ。

このメカニズムが機能するための重要なポイントは二つ。一つはドルが国際決済通貨であるということと、もう一つはペトロダラーだ。そうでなければ世界中の国が外貨準備としてドルを持つ意味はなくなる。そして、ドルを持つ意味がなくなれば、米国債を持つ意味もなくなり、よほど高い金利をつけない限り、アメリカ合衆国はお金を借りられなくなる。あとは負の連鎖でしかない。返せないほどの借金を負った者が、さらに借りるために高い金利を払い、それがさらに膨れる連鎖の末路は誰の目にも明らかだ。つまり、アメリカ合衆国にとって、この二つがアメリカの豪華な借金生活のからくりであり、絶対に譲れない生命線であることがわかる。それを踏まえて過去や現在の出来事を見ると、日本のマスコミ報道とは全く違う世界が見えてくる。

ドル支配への抵抗者たちは「正義」の名の下に成敗される

ＢＲＩＣＳの加盟国は、元々のブラジル、ロシア、インド、中国、南アフリカに加え、エチオピア、イラン、エジプト、ＵＡＥの9カ国になり、サウジアラビアも加盟検討中だ。さらに、ＡＳＥＡＮ諸国もドル決済からの脱却を図るとなると、世界ＧＤＰの3分の1を占める国々がドルを使わなくなる。しかも、ＢＲＩＣＳの石油産出量はロシア第3位、中国第6位、ＵＡＥ第7位、イラン第8位、ブラジル第9位、ここに世界第2位のサウジアラビアが加わると、世界の産出量の44％を占める。

もしあなたがアメリカの指導者なら、この状況で何を考えるだろう？

このまま行けば、ドル離れを起こす国はどんどん増える。外貨準備としてドルが不要になれば、米国債の需要もなくなり、より高い金利をつけざるを得なくなり、借金はさらに膨らむ。最終的に米国債の消化に行き詰まり、債務上限による米国政府の機能停止も現実味を帯びる。何としてでも、それは阻止したいはずだ。

とは言え、他の国をどうやってコントロールできるのか。少なくとも表立っては難しい。ましてや、あからさまな戦争を仕掛けるわけにもいかない。いずれも、自由と独立を重んじる自国民の世論や、国際世論の厳しい批判に晒される。

であれば、自国民や世界の目を欺く形でコントロールするしかない。非公式のルートを使って圧力をかけるか、大義名分の下に戦争を仕掛けるか。いずれにしても、表向きは真意がバレないように何かを画策するだろう。

なぜアメリカ合衆国が、建国以来100近くの戦争に関わり続けたのか。それはアメリカが正義の国で、悪の国がそれだけたくさんあったからなのか、それとも全く逆なのか。いずれにしても、かつてそのアメリカと戦争し、2発の原爆を落とされ、幾多の空襲で何十万人もの一般市民を殺された国の人たちにこそ、一度予断なく考えてほしい。そうすれば、西側のメディアからだけ伝わる世界の姿も、全く違って見えるかもしれない。

例えば、イラクのフセイン大統領は2000年、当時国連の経済制裁下にあったイラクの原油輸出について、ドル建てからユーロ建てに変更するように要求し、認められてユーロ建てに変更した。

その後に起きたことは周知の事実である。イラクに大量破壊兵器があるからと言って、ブッシュ大統領がイラクに派兵し、フセイン大統領を含む数十万人を殺害してから、2005年に大量破壊兵器はなかったと認めたものの、その後もイラクから撤退せず、2011年に撤退するまで100万人以上の犠牲者を出した。あのイラク戦争とは一体何だったのか。本当に情報の間違いだったのか、それはただの口実だったのか、是非自分の頭で考えてみてほしい。真実は教科書にもマスコミにも載らないことは、過去の歴史が証明している。

フセイン大統領だけではない。リビアのカダフィ大佐は、石油事業を民営化せず、利権を石油メジャーに渡さなかったため、欧米からは目の敵にされてきたが、その豊富な資金力でアフリカ連合を積極的に援助、特に金融面での独立を目指し、アフリカ中央銀行による統一通貨の導入を主張して、ドルからの脱却を画策していた。

これが実現すれば、アフリカ連合内の原油の輸出入のみならず、リビアをはじめとするアフリカの産油国から原油を輸入する世界中の国々が、ドルで決済しなくなる。何よりもアメリカ自身が、イラク戦争などの中東政策の失敗で、アフリカ諸国からの石油輸入依存度を高めている中、それをドルで買えなくなる。

その結果起きたことは、これも周知の事実だ。ＣＩＡが反政府勢力を援助し、カダフィ政権に内戦を仕掛け、「カダフィから国民を守る」と称してＮＡＴＯ軍が空爆を行った。最終的にカダフィ大佐は裁判もなしに処刑された。そして、真相は闇の中だ。

これらの事実を踏まえて、改めてロシア対ウクライナの戦争、台湾有事などを考えてみたらどうだろう？　ロシアも中国もＢＲＩＣＳの一員だ。新規加盟や加盟検討国がこれだけ多い中、一番危機感を感じているのは誰だろう？　ロシアや中国が戦争当事国になれば、ＢＲＩＣＳ加盟に躊躇《ちゅうちょ》する国も現れるかもしれない。得をするのは誰だろう？

これまでも見てきた通り、ドルの基軸通貨体制とペトロダラーはアメリカの生命線とも言える。しかもここ数年で、特に新型コロナウィルスに伴う極端な財政出動で、米国政府債務はもはや誰の目にも明らかなほど返済不可能なレベルに達している。その中で、これまでその生命線を脅かす存在がどんな目に遭ってきたか、今何が起きているのか、これから何が起きるのか。事実に基づいて論理的に考えれば、世界の見え方は一変するかもしれない。

第二章

我々は何を間違えてしまったのか?
日本の悲劇の深層

世界一のお金持ち国の人々がなぜこんなに貧しいのか?!

ところで皆さんは不思議に思わないだろうか？　なぜ、世界一の対外純資産を持つ日本の皆さんが、これだけ経済的に苦しい状態にあるのか。

それは、一つには先述した通り、その黒字で買っているのは米国債などの借用書や、海外の土地や株などの所有権であり、それらは何ら実質的価値を国民にはもたらさないからだ。世界一のお金持ち家庭で、お母さんがいくら世界一の貯金や株を持っていても、それで何か買って家に持ち込まなければ、その家の子どもは何の恩恵も受けられない。お父さんが年中「金がない」と言うだけで、お母さんもその状態であれば、家が貧乏だと思っても不思議ではない。

図3．日本企業の内部留保と従業員の給与＋賞与の推移

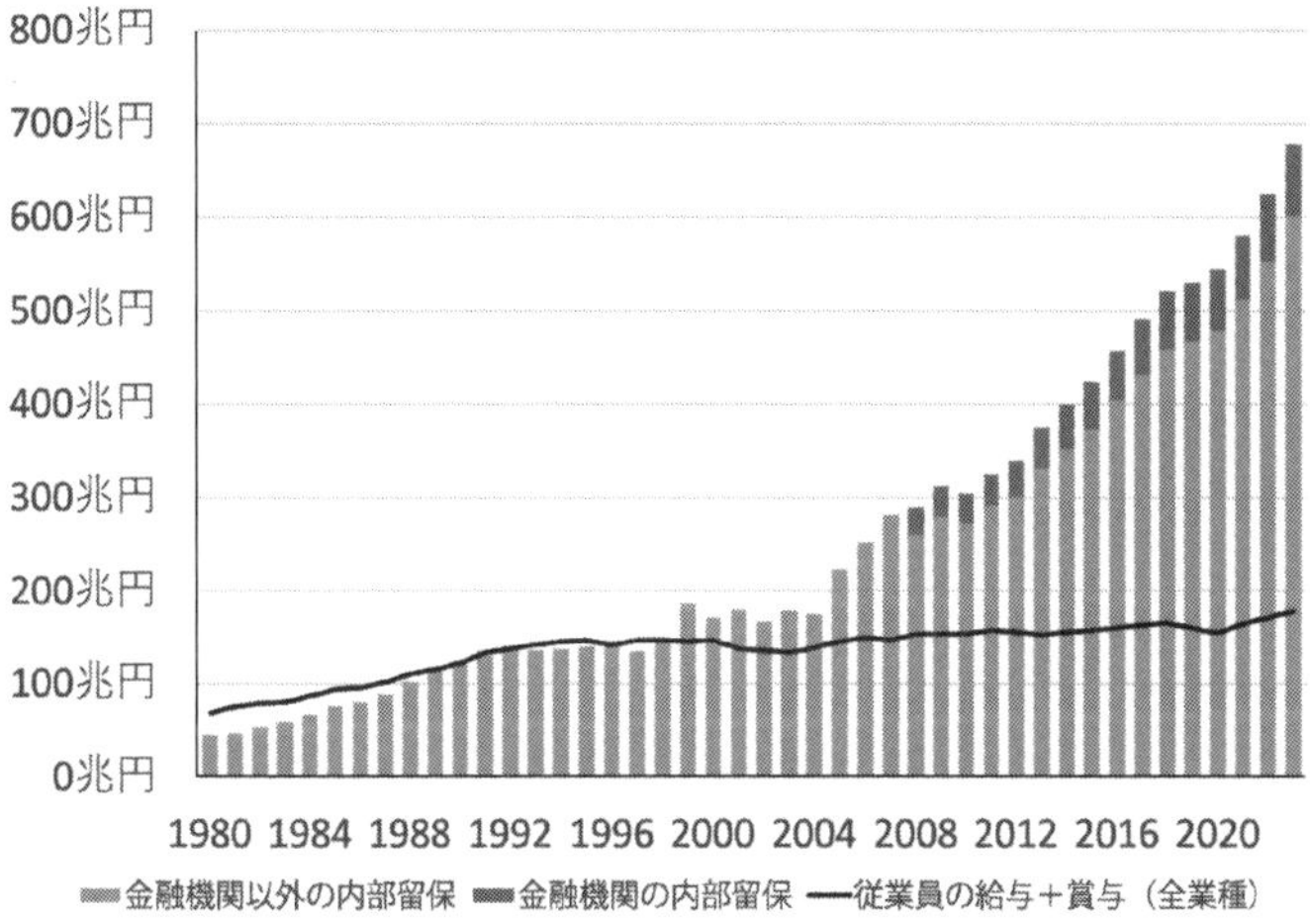

出典：財務省法人企業統計調査資料より著者作成

そして、この例えでわかるように、大多数の国民は、世界一の資産を持っているお母さんではなく、その子ども、つまり資産を持っていない方の民間なのだ。民間も大きく分けて2種類ある。資産を持っている人たちと、持っていない人たち。もちろん、実際は巨大なグラデーションなのだが、これだけの資産国で、多くの人が全くその実感がないということは、それだけ一部に富が集中しているということである。特に株主たちに。

一般投資家の株主たちはそれほど実感がないかもしれないが、2023年度分の財務省「法人企業統計調査」によると、日本企業の利益剰余金、いわゆる内部留保は600兆985億円と過去最大に達している。図3は1980年から2023年までの企業の内部留保と従業員の給与＋賞与の推移をグラフにしたものだ。これを見てわかる通り、80年には50兆円にも満たなかった内部留保が、2000年前後に急激に増え始め、ほぼこの20年で3倍以上になっている。それは全て株主のものだ。

当たり前の話だが、企業の利益は売上からコストを引いたものであり、コストの中核を成すのは労働者に払う人件費だ。一方、売上は消費者から徴収する。つまり、利益が上がるということは、労働者を安く使い、同じ消費者（＝労働者）に高く売るということで、端的に言うと、資本家が労働者から吸い上げた結果が利益である。図3を見れば一目瞭然だ。企業が利益を貯め込む一方で、従業員の報酬は全くと言っていいほど増えていない。それが資本主義だと言うかもしれないが、そもそも資本主義は何のためにあるのか。

私は全ての社会システムは、人のためにあると考えている。かつては資本家も利益を再投資し、それが効率的な大量生産を促し、物質的に窮乏していた時代は、資本主義が人々を幸せにした。しかし、高度経済成長の終わりと共に、物質的に充足し、人口も増えなくなれば売上も落ちる。売れなければ企業は再投資を渋り、先行き不透明なら内部留保を貯め、将来の不安に備える。あとは負の連鎖だ。資本家が利益を吸い上げる仕組みだけが機能し続け、労働者にお金が回らないから景気が後退し、ますますコストカットと利益確保に走り、さらにお金が回らなくなる。

はっきり言うが、資本主義は終わっている。それは拡大経済を前提にした仕組みであって、もうとっくに寿命を迎えているのだ。にもかかわらず、いまだに惰性で引きずっている。金融システムも同じ。これも後ほど説明するが、無限の経済成長を前提とする仕組みだ。そんなことはあり得ないのに、そしてそれは十分証明されているのに、いまだに変革の声さえ上がらない。

これはシステムの問題でもあるが、我々自身の問題でもある。それは、現実を、特に仕組みを知る人があまりにも少ないことだ。もう一つは、仕組みを知らなくても、感じているはずの違和感や不満を抑え込んでいることである。抑え込んでいる限りは変わるはずがないのに。

プラザ合意で全てが変わったのにもかかわらず全く変われなかった日本

1985年9月22日にニューヨークのプラザホテルで当時のG5が発表

したプラザ合意、これを知らなかった人は是非覚えて欲しい。なぜなら、それが大きな転機となり、それ以来の失策、無策が今の日本を作っているからだ。

当時、日米貿易戦争と言われ、日本の対米黒字が大きな問題となっていた。日本は戦後ずっと輸出主導型の経済で復興を遂げ、一方のアメリカは貿易赤字、特に対日赤字を膨らませ、その是正が急務だった。

当時のレーガン政権はご多分に漏れず、高金利ドル高政策を取っていた。その理由は先述の通り、赤字で流出したドルを本国に環流させるためだ。しかし、ドル高政策は輸出には不利だ。高いドルで自国の労働者に給料を払えば、アメリカ製品は国際的に高くなり、輸出がしにくい。逆に輸入は安くなるので、必然的に輸入が増えて、輸出が減り、赤字はさらに膨らむ。さらに高金利が借金に拍車をかけるので、根本的な政策転換を図ることにしたのだろう。G5の中央銀行による協調介入でドル売りを誘発し、ドルを切り下げる合意がなされた。それがプラザ合意だ。

ドルが下がれば、相対的に他の通貨が上がる。日本や当時の西ドイツは、いずれも敗戦国であり、戦後復興を輸出主導で成し遂げてきた。したがって、ドル安、円高、マルク高になれば、日本や西ドイツからの輸出品は国際的に高くなり、輸出が減って輸入が増え、日本と西ドイツの黒字が減り、アメリカの赤字も減る、という算段だった。

これを受けて、ドルの為替相場は大暴落した。プラザ合意前のニューヨーク市場が1ドル＝240円ぐらいだった状態から、プラザ合意後の週明け月曜日には約20円急落し、1年後に150円台、2年後には120円台、95年には79円台までドルが下がった。つまり、この週末を境に、わずか数年の間にドルは半分に、10年で3分の1に暴落し、逆に円は2～3倍に跳ね上がった。これは日本人の給料が国際的に2～3倍に上がったことを意味する。当然、日本製品もその分高くなり、逆に輸入品は安くなるため、日本の黒字は減り、アメリカの赤字も減る、という目論見だったのだ。

しかし、結局その通りにはならなかった。日本はそこからさらに世界一の黒字を稼ぎ続け、アメリカは返済不能なほど赤字を垂れ流し続けた。なぜか？

真相は私にもわからない。歴史の裏側は必ずしも単純ではないからだ。ただ、事実として、日本はそれから30年以上、黒字をドルで稼ぎ続け、それで何かを買う代わりに米国債を買い、ドルはアメリカ本国に流れ続けた。そして今も、世界中がドル離れを加速させる中、世界一米国債を保有し、さらに新型ＮＩＳＡなどで、国を挙げてドルへの投資を勧誘している。それがなぜなのか、我々の眼前の表面的な事象の裏で何がうごめいているのか、あらゆる可能性も含め、我々は改めて本質を見抜き、行動すべき時期に来ているのではないだろうか。

給料がいくら安くても真面目に必死に頑張る日本人

実際、歴史の裏側で何があったかはわからないが、総じて日本人がどのように振る舞ったかは明らかに見える。要するに、真面目に頑張りすぎたのだ。

プラザ合意は本来、日本の経済構造の転換を促すものだった。要するに戦後復興の延長線上で、輸出主導型の経済構造で外貨を稼ぎ、見事な復興を遂げたわけだが、そこから内需拡大型の経済構造への転換を迫られたのだ。もちろん迫ったのはアメリカ合衆国であり、その理由は彼らの赤字だ。当時の中曽根首相が「一人100ドル分の外国製品を買って」とまで言い、

「内需拡大」と散々言われたことを覚えている人もいるだろう。

実際、一時的に内需拡大は促進されたし、そのための金融緩和も功を奏した。だから、86年から90年までの5年間の平均経済成長率は4・92％に達し、インフレ率は平均1％にも満たなかった。そして、輸入が増え、黒字が減ることにより、ドル／円の為替レートも1ドル＝122円から1ドル＝160円まで戻っている。つまり、言われた通りのことをやり、うまくいっていたと言える。

この時期はバブル期として知られていて、政策的に間違えたと思われがちだが、それは問題の本質を外した結果論だ。問題は、銀行が本来の存在意義を忘れ、土地担保融資という、全く実体の価値を生まない土地の売買、つまり単なる所有権の移転にまでお金を貸し、裏付けのないお金を大量に作ったことだ。総量規制でそれが止められた途端、不動産市場への資金供給が絶たれ、不動産市場が暴落した。

この総量規制が本当に日本政府独自の判断だったのか、外圧によるものだったのか、先述の通り、私にはわからない。いずれにしても、バブル崩壊後、日本は長期の不況に陥り、我々は再び黒字を稼ぎ続けることになる。すでに倍近くの円高になっている中、どうやって？　コストカットによってである。

当たり前の話だが、プラザ合意以降、2倍の円高になれば、日本人の給料は国際的に倍になる。ということは、日本製品も倍だ。1ドル＝240円の時に、240万円の日本車は1万ドルだが、1ドル＝120円になれば2万ドルになる。当然、売りにくい。しかし、頑張ってコストを削り、120万円で同じ車を作れば、また1万ドルで売れる。我々は結局、バブル崩壊後の円高不況をコストカットで乗り切ろうとした。その結果、30年以上ずっと貿易黒字を稼ぎ続け、世界一の対外純資産国に君臨し続けた。

しかし、そんな世界一のお金持ち国の皆さんが、全くその実感を持っていない。なぜなら、それは皆さんの犠牲の上に成り立っているからだ。この30年以上、ずっとコストカットの対象にされ、給料も上がらず、時としてサービス残業というタダ働きまで強いられ、良いモノを安く作って海外に売り続け、世界一の黒字を稼ぎ出した。しかし、その3・3兆ドルもの純資産は海外に投資され、特に米国債を通じてアメリカの借金を賄《まかな》うことに使われ、全くその恩恵を受けられていない。実感がないのも当然だ。

本来、もしプラザ合意以降、バブルが崩壊した後も経済構造の転換を進め、輸出を続けるための無理なコストカットをせず、高いまま売り続けていたとしたらどうだっただろう？　2万ドルになった車をそのまま2万ドルで売り続けたとすれば、倍になった日本車はそれほど売れず、3・3兆ドルもの黒字は稼げなかった可能性がある。なぜそれだけ売れてしまったかというと、無理やり良いモノを安く作って売ったからだ。

つまり、3・3兆ドルは本来なかったものだ。あるのは、皆さんがサービス残業のようなタダ働きまで受け入れ、無理にコストカットしたからであって、3・3兆ドルは皆さんのタダ働き分とも言える。1ドル＝160円で換算すると528兆円、元々の1ドル＝240円で計算すれば792兆円だ。要するに、日本人はこの30年以上、約500兆〜800兆円分のタダ働きをしたに等しい。なぜこんなことになったのか？

一つは戦後復興の成功体験による思い込みだ。貿易立国、輸出主導型経済で外貨を稼ぐことが国是だった時代の延長で、それをずっとやり続けた。戦後、ある程度までは仕方がなかった。なぜなら、焼け野原で資源もない状態から復興するには、まず外貨を借りて資源を輸入し、加工して海外に輸出し、外貨を稼いでドル返済に回す必要があった。戦後賠償金もドルで支払った。つまり、ドルを稼がないと国が立ち行かなかったのだ。

しかし、70年代に戦後賠償金も払い終わり、そこから先は黒字が貯まる一方なのに、それをさらにやり続けた。だから、それがアメリカの対日赤字を悪化させ、プラザ合意の引き金になった。その後一時的に、バブル期は内需拡大を進め、対米黒字も減ったものの、結局バブル崩壊後に元の木阿弥となり、そこから30年以上、世界一の黒字を国民の犠牲の上に稼いできたのだ。何を間違ったのか？

結局のところ、私は、何かを間違ったというより、何もしなかったからこうなったと思っている。日本人は真面目すぎるのだ。真面目に言われたことを、一生懸命続けるのは得意だが、状況が根本的に変わった時に、顔を上げて周りを見回し、今までの当たり前を捨て、ゼロから物事を考え、他人の目を気にせず実践できる人が少なすぎる。「何か起きたら大変」と、変化によるリスクを恐れるからだ。そしてそのまま何もしないことのリスクには思い及ばない。だから、状況が変わった時に方向転換ができないのだ。

残念ながら、我々は30年以上、見事に方向転換できず、戦後復興の延長線上にいる。いや、むしろ戦後ですらない。日本の国富が米国債を通じ、アメリカの政府に流れ続け、それがまた軍事費として一部の戦争屋に流れ続けていると思えば、日本はいまだに占領され続けていて、赤字補填に世界一貢献する植民地として使われているだけと言える。

日本人が海外資産を買えば買うほど日本が売られる！

図4のグラフを見ていただきたい。これは近年の対外資産と対外負債の

図４．日本の対外資産／対外負債／対外純資産

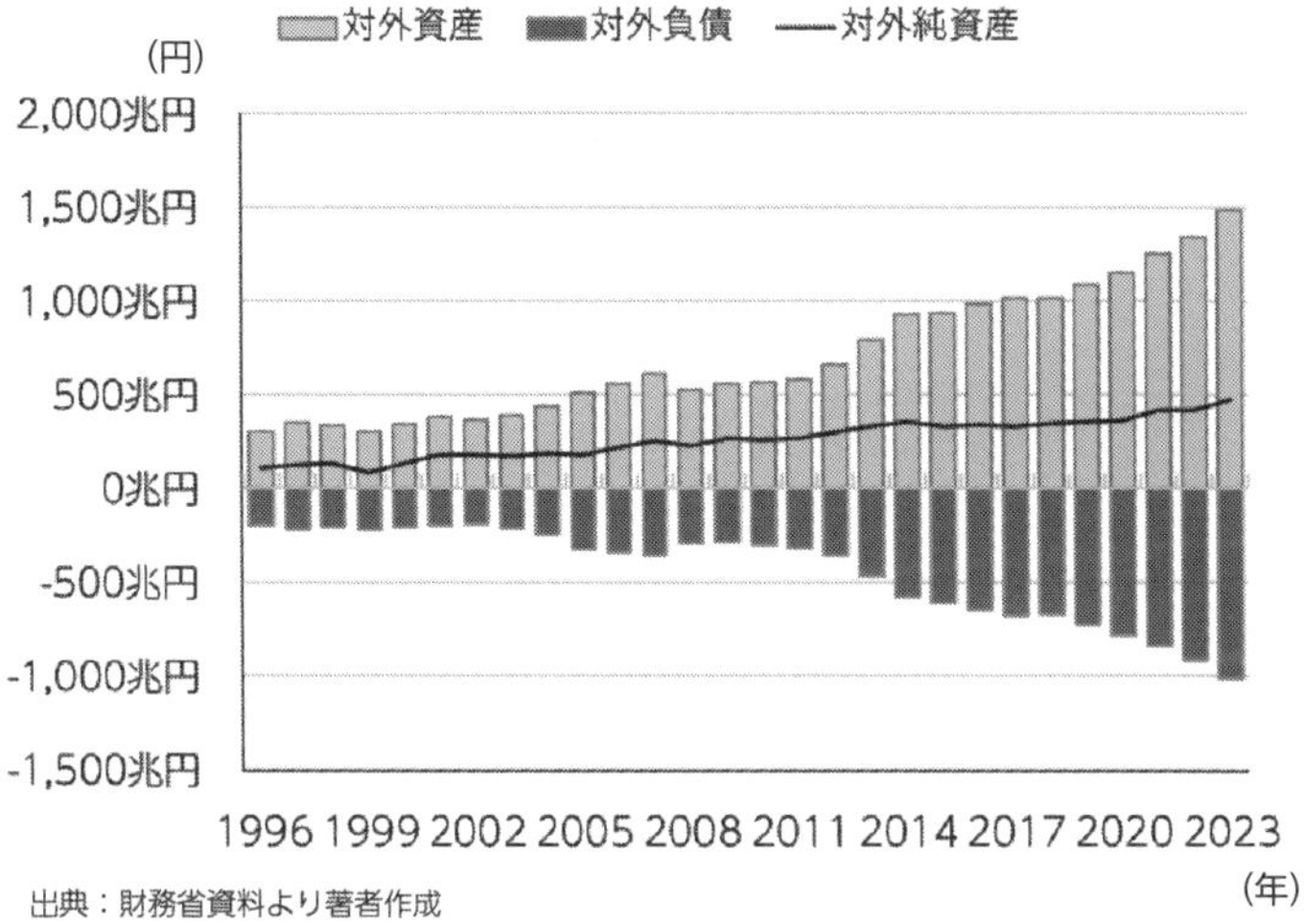

出典：財務省資料より著者作成

グラフだ。上の棒が対外資産、すなわち日本が海外に持っている資産の総額。例えば、外貨、米国債などの外国債券、株、土地などに投資している金額だ。下の棒は対外負債、つまり、外国が日本に投資している資産、我々から見れば負債の総額だ。日本の株や土地、債券などが買われればここに含まれる。

そして、上から下を引いた金額が純資産、すなわち真ん中の折れ線グラフの部分だ。最新の

２０２３年のデータによると、日本は４７１兆円の世界一の対外純資産国となる。ここだけ見れば、33年間世界一なので、ずっと横ばいに推移している。しかし、棒グラフを見ると、資産、負債とも増え続けているのがわかる。実は、いずれも過去最大になっているのだ。つまり、かつてないほど日本は海外の資産を買い、国内の資産を買われ、対外負債は１０００兆円をついに超えた。

その一番の要因となっているのが日米の金利差だ。まずはアベノミクスで、日銀が大量に銀行から国債を買い上げ、金融緩和を行ったことで、外債投資が増えた。

それまで銀行が保有していた国債は、低いながらも利息を稼いでいた。それを大量に日銀に買われれば、その分が現金化し、利息が稼げなくなる。それどころか、銀行の当座預金（日銀内にある）に必要以上の預金を準備金として置くと、その超過準備金にはマイナス金利までつけた。つまり、預金が減ってしまう。銀行は、その分の利息を他で稼がないと大きく収益が悪化する。だが、なかなかそれも難しい。貸しても低金利だし、そもそも他に貸せる相手がいなかったから、政府に貸していたのだから。

そこで、目を向けたのが高い金利の外貨だ。特にアメリカドルの金利は高く、米国債は一般的には安全と目されている。かくして外債投資が増え、どんどん対外資産が積み上がった。もちろん、これは銀行だけの話ではない。証券会社や生命保険、損害保険などの機関投資家や、一般の個人までもが、運用する資金があれば、低い金利の円よりも、高い金利の通貨で運用した方が得ということで、今も日本中が新型ＮＩＳＡなどにつられて、ドル建ての投信などにお金を投じている。これがどういう意味を持つかわかるだろうか？

まず、多くの人が見過ごしがちなのが、例えばドルに投資する時に、円を売っているという事実だ。両替するので当たり前なのだが、日本人や日本の企業が円を売り、ドルを買った場合、売った円はどこに行くのか？もちろん国内に残る。ただし、所有者は代わる。日本人が売れば、日本人以外が買うことになり、外国人投資家が円を手にすれば、円は金利も低く、そのままでは増えないので、日本の土地、株、その他の実体資産を買うことになる。

つまり、日本人が対外資産を買えば買うほど、日本の資産が売られる構図になっていて、すでに過去最大、日本の資産は売られてしまっているのだ。しかも、今もそれは続いている。特に新型NISAなどで、皆さんのところにも散々勧誘が来ていることだろう。「ドルが強い、ドル金利が高い、今投資すれば儲かる」という誘いが。それに乗って皆さんが外貨投資をすればするほど、知らず知らずの間に日本の資産を海外に売り渡すことになる。これを「家計の円売り」といい、今や無視できないほどの金額になっている。

これがいかに恐ろしい話なのか？　日本の家計金融資産は概ね２０００兆円と言われていて、その97％が円建て、半分以上が現金預貯金だ。つまり、１０００兆円以上は金利も生まず、ただそこにあるだけだ。日本人が保守的だからだろうが、将来に不安を抱えているのも事実だ。そこでもし、ドルが強い、金利が高い、儲かると多くの人が確信し、新型ＮＩＳＡなどの税制優遇で外貨投資を増やすことによって、ドルが値上がりし、もっと多くの人が確信を持つようになったらどうなるだろう？

現金預貯金の10％が外貨に向かうだけでも１００兆円以上の円売りとなる。円売りが円売りを生むスパイラルによって、さらに円安が加速する可能性があるし、何よりも、それが日本売りを促進する負の連鎖となる。

もしそうなった後、今度は逆に動いたらどうなるだろう？　前述したように、世界的にはドル離れが進んでいる。その結果、ドルが大暴落でもしたらどうなるか。日本人が世界一持っているドル資産が紙屑となっても、世界が日本に持っている資産（我々から見ると負債）はそのまま残る。それは日本の土地や株であり、資本主義社会でその所有権を奪われれば、我々はそのオーナーの言うことを聞かざるを得なくなる。

つまり、いつの間にか我々の国は我々のものではなくなり、我々はその会社や土地にしがみつき、いくら給料が安くても、真面目に頑張って働き続ける便利な小作人になり下がる。それが今まさに起きていることであり、無自覚でいると、これからさらに進みそうな、日本の行く末である。

単純に政府がお金を配れば全て解決していた

ここで、ではどうすれば良かったかについて述べておく。そもそも、日本が世界一の資産国なのにもかかわらず、その恩恵が全く一般市民に及んでいないのは、それが対外資産として海外に投資される一方で、全く労働者に還元されなかったからだ。むしろ、労働者はコストカットの対象にされ続けた。つまり、その黒字分を国民に還元すれば良かったのだ。どうやって？

まず、前述の通り、黒字は外貨で貯まっている。しかも、それは一部の資本家がほとんどを保有している。だから、強制的に奪うわけにもいかない。

仮に何らかの方法で奪ったとしても、それは外貨だ。外貨を国民に配っても、そのまま使うためには海外旅行にでも行くしかない。国内で使うためには円に換える必要がある。世界一の黒字を外貨で国民に配り、全国民がそれを円に両替しようとすれば、膨大なドル売り、円買いが発生するが、その分の円は別に増えていない。ということは、増えていない円の奪い合いで、円高になるだけだ。それでは全く意味がない。

要するに、黒字で貯めた外貨分の円を別に増やし、それを国民に配るしかないのだ。そうすれば、それを使って国民が消費を増やし、輸入を増やし、黒字を減らすことができる。それが本来の黒字の正しい使い方である。

実は、これに近いことをやったのがバブル期だ。すでに述べた通り、内需拡大のために金融緩和で円を増やし、それが国民に回り、国民の消費が増え、黒字も減り、円高も一服した。つまり、やるべきことをやっていたのだ。

しかし、その金融緩和の方法が、不動産担保融資という形で、土地転がしなどにも及んだため、実体の裏付けのないお金が大量に生まれ、総量規制でお金の供給が絶たれた途端、不動産市場が暴落し、バブルが崩壊、その後、元の木阿弥に戻った。問題は、お金の発行の仕方だ。要するに、バブル期とは違う方法で発行し、違う方法で国民に渡す必要がある。より具体的には、「政府紙幣」の発行、その論理的根拠は後ほど詳しく説明するが、政府が信用創造によらず、「誰の借金でもない通貨」を発行し、それを直接配ればいい。

例えば、すでに3・3兆ドルもの対外資産があり、それが全く国民に還元されていないのであれば、それに相当する金額、500兆円を別に政府が発行し、それを配ればいい。

ただし、1万円札で発行する必要はない。より詳しくは後ほど説明するが、例えば1兆円紙幣を500枚刷り、それを日銀に預けるだけである。そうすれば、日銀内の政府預金口座に500兆円の数字が印字され、その数字を国民に送金すれば、一人あたり400万円ほど送金できる。イメージはコロナ給付金で10万円を受け取った時と同じで、預金通帳の数字が増えるだけだ。

あとは普段通り、それを送金するか、現金で引き出す時には今まで通りの1万円札で引き出すかすればいい。だから、政府紙幣を刷ったところで、今までの紙幣と混同されることはないし、皆さんがそれを見ることもない。皆さんが目にするのは、預金通帳の増えた数字だけで、政府紙幣は日銀の金庫からは出てこないからだ。

こうして、皆さんの預金通帳の残高を400万円ずつ増やすことができる。さすがにいきなりそこまでやると金額が大きすぎるので、最初は120兆円ほど、一人あたり100万円でもいいかもしれない。それでも4人家族で400万円だ。全て使わなかったとしても、消費は増えるだろう。そして、労働を減らすかもしれない。そうすると何が起きるか？

労働が減れば、生産が減り、生産が減れば、輸出は減る。逆に消費が増えれば、日本は資源が少ないため、輸入は増える。輸出が減って輸入が増えれば、差し引き貿易赤字になるかもしれない。だが、それでいいのだ。なぜなら、それが黒字を使う唯一の方法だからだ。赤字にならなければ黒字は減らない。お母さんが世界一の貯金を持つ家で、収入以上にお金を使わないと貯金が減らないのと一緒だ。

言うまでもなく、日本は世界一貯金を持つ国だ。自分たちが働いて作って売る（輸出する）方が多く、遊んで買う（輸入する）方が少ないのだから、それを是正するためには逆をやるしかない。働いて作るのを少しやめて、遊んで休むことを増やすことだ。本来ならそれが、我々がやるべきだったことで、そうしていたら国民はもっと豊かに楽になったはずなのだ。それがなぜできなかったのか？

それは、一つには、お金を配ってはいけない、「働かざるもの食うべからず」というような、戦後復興期の古臭い思い込みのせいだ。もう一つは、そもそもそんなお金がない、財源がないという全く間違った財源論だ。これがいかに大きな間違いか、お金の発行の仕組みを知れば、簡単に理解することができる。

第三章

現代のお金は借金であるという「基本の仕組み」を知る

お金を発行しているのは日銀ではなく民間銀行である

ここから書くことはとても重要なので、知らなかった人は是非覚えてほしい。また、できれば多くの人に伝えてほしい。なぜなら、これは日本のみならず、ほぼ世界共通の仕組みであり、人類が抱えているほとんどの大きな問題、すなわち格差、貧困、戦争、病気、環境破壊の根本原因になっているからだ。そして何よりも、それぞれが生きたい生き方を阻害する仕組みだ。これを日本から変えれば、必ず世界も変えられる。

ただ、私もそれを変えるために2011年から政治活動を続けているが、最近は少し考え方を変えている。なぜなら、変えることが目的となれば、恐らく絶望しかないからだ。それぐらい、この仕組みは強固で巨大である。

大事なことは変えることではない。その中でも自分を生きることだ。なぜなら、それこそが本来、我々が生まれてきた目的なのだから。

私がこの仕組みを説明し、多くの人に知らせようとしているのは、昔は変えるためだったが、今は少し違う。もちろん、変えられれば本望だが、そうでなくとも、それを理解するだけでも生き方は変わる。それがいかに本質から外れた仕組みで、それに支配され続けることの無意味さがわかれば、本来の生き方ができる。時として、そのおかしな仕組みに付き合わなければいけないかもしれないが、わかっていれば、それも自分の選択である。そしてその意識があれば、自分の人生のハンドルを、自らの手に握ることができる。私は、今はむしろ、そのためにこの仕組みを知らせようとしている。

さて、本題に入ろう。お金は誰が発行するか。結論から先に言うと、それは民間の銀行である。中央銀行と思っている人がほとんどだ。確かにそれも可能だが、本筋においては、民間銀行の「信用創造」によってお金は作られる。ちなみに信用創造については、ネットを検索すればたくさん説明が出てくるので、もし私の説明がわかりにくかったら、それらも参考にするといい。

信用創造とは、銀行がお金を貸す時に、それを預金として創造する仕組みをいう。例えば私が１００万円を銀行から借りるとしよう。すると、銀行は必ず私に口座を作らせ、その口座に１００万円の預金を記帳する。この瞬間、実は全く新しい預金が生まれている。なぜなら、その時に日本中の誰の口座の残高も減らないし、世の中に存在する現金にも全く増減はない。つまり、その瞬間に新しい１００万円が、私の口座に預金として誕生するという仕組みだ。

もちろん、私自身は、その100万円の預金は借りたからあると思っているし、銀行側も100万円の債権（取り立てる権利）を貸借対照表（バランスシート）の資産側に計上し、100万円の預金（預金者から借りているお金）を負債側に計上、つまりバランスシートの両サイドに100万円を計上しているので、お金だけを忽然《こつぜん》と作ったわけではない。お金と借金を同時に、表裏一体で増やしたということだ。

しかし、世の中から見れば、この借金の部分は認識されない。借りた本人はわかっていても、その100万円を使って送金した相手は、その裏にある借金など気にしない。つまり、お金の部分だけを見れば、それを送金した瞬間、100万円余計に認識されるようになり、借金が増えれば増えるほど、その分の預金が増え、認識されるということだ。

したがって、皆さんの預金通帳にある数字も、同じように作られている。

誰かがどこかで銀行にお金を借りた瞬間、その借り手の口座に同額の預金が印字され、その預金部分だけが送金されて回って来る。だが、その裏に必ず存在する借金については、借りた本人以外、ほとんど誰も意識しない。だから、お金だけが認識され、借金は認識されない。しかし、実際はその全てのお金の裏側に、同額の借金が必ずどこかで大きく口を開けて待っている。

これをわかりやすくイメージするには、地面の穴掘りを思い浮かべると良い。お金の発行とは、真っ平らな地面に穴を掘り、掘り出した土を盛り上げるようなものだ。穴が借金であり、掘り出した土がお金だ。土はお金として循環するが、穴は循環せず、どこかで口を開けて待っているだけだから、ほとんど意識されず、多くの人は、土だけを見て、それがお金だと思っている。それが今の金融システムである。

お金と借金を無限に増やし続ける今の金融システムは無理ゲーである

地面に穴を掘って盛り上げた土がお金なら、その穴を埋めればお金は当然消える。例えば、100万円を借りた私が思い直し、すぐに返したとする。すると、100万円の預金はゼロになり、借金も相殺されて消える。つまり、送金すれば世の中のお金を増やせたはずの100万円が消える。

これはすぐ返さなくても同じだ。借りた100万円を誰かに送金すれば、自分の口座はゼロになる。したがって、期限が来て返す時には、誰かから100万円を取り返し、100万円の預金を作る必要がある。そしてそれを返せば、自分の借金と相殺されて預金が消える。つまり、世の中から取り返した100万円を消すことになる。いずれにしても、銀行でお金を借りればその分の預金が生まれ、返せばそれが消えるという仕組みだ。

したがって、もしお金を借りた人や企業が、みんな一斉に借金を返せば、お金はほとんど全てが消える。穴が全て埋まれば、掘り出した土もなくなるということだ。もちろん現実的にはあり得ないが、理論的にはそういうことだ。だから、借金は絶対に返せない。お金がなくなってしまうからだ。

ただし、銀行は必ず返せと言う。そして、大抵の借り手は契約通りに返済し、元本が減る分、お金も消える。それでもお金がなくならないのは、他の誰かがまた新たな借金で、新たなお金を作っているからだ。

これは巨大な自転車操業である。穴を掘ったら埋め戻し、土を減らし続ける一方で、他の誰かが新たな穴を掘り、土を掘り出しているから土はなくならない。ただし、問題は、穴が時間と共に大きくなるということだ、金利という仕組みによって。

例えば私が100万円を年利5％で借りたら、1年後には105万円を返さなければならない。掘り出した土よりも多く、埋め戻さなければならないのだ。全ての穴がそうなのだから、どうなるかは明らかだ。もっと多くの穴を掘り、土を増やすしかないが、その穴もまた大きくなるわけで、キリがない。無限にお金と借金を増やし続けなければ回っていかない。そんなことが続くと思うだろうか？

続くはずがないのだ。一体誰が、永遠に増え続ける借金を負うというのか？　そもそもお金だけ増えても意味がない。その分の価値が増えなければ、実体の裏付けのないお金が生まれることになる。それではお金の価値が落ち、インフレになるのは自明だ。

なぜ、いまだに世界中の政治家が、経済成長を叫び続けるのだろうか？

今までは、それが人の幸せの指標だったということもあるかもしれない。そしてこの金融システムがそれを促進してきたことも確かだ。

だが、今は違う。世界中のほとんどの国が同じ金融システムを採用し、世界中のお金と借金が永遠に増え続け、無限の経済成長を強制するからだ。これは現代の金融システムの当然の帰結と言える。

ちなみに、その流れの中で叫ばれているのがSDGだが、SDGは「サステイナブル（持続的な）ディベロップメント（経済成長）ゴールズ（目標）」の略だ。そもそも持続的な経済成長が可能なのか、なぜ必要なのかの説明はないし、お金の発行の仕組みを変えることも謳っていない。根本原因を放置したまま、ただ政治的にお題目だけ唱えているのか、または聞こえの良い言葉で、結局金儲けに走る連中に騙《だま》されているのか、いずれにしても、このお金の発行の仕組みを変えない限り、根本的には何も変わら

図5．マネーストックと借金とGDPの推移

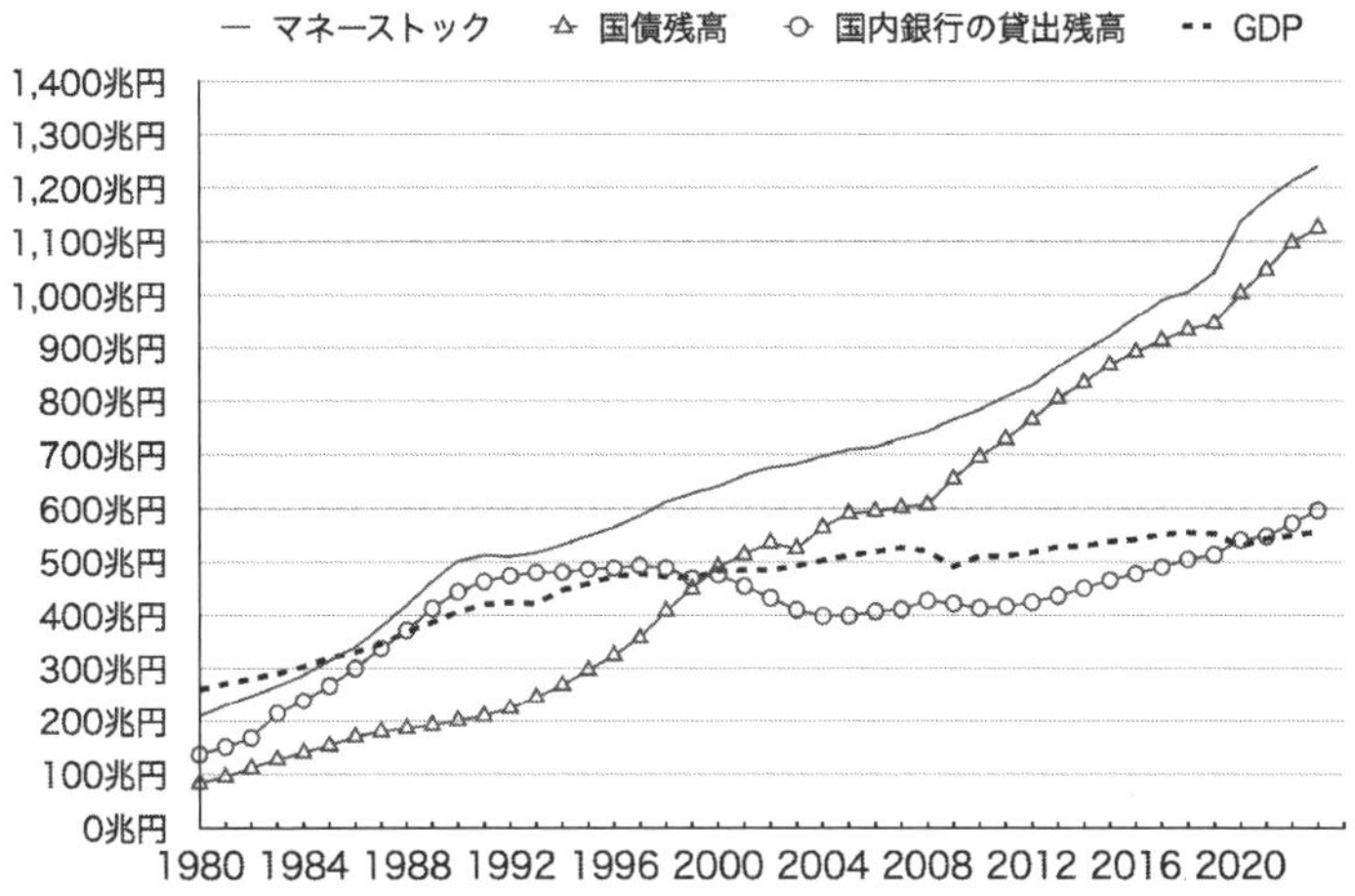

出典：日銀、財務省、内閣府資料より著者作成

ないことは間違いない。

日本ではこの仕組みの結果はとっくに出ている

この金融システムが何をもたらすかは、日本の場合、とっくの昔に答えが出ている。図5をご覧いただきたい。これは１９８０年から２０２３年までの日本のマネーストック、銀行の民間への貸出残高、ＧＤＰと国債残高のグラフである。

これを見てわかる通り、マネ

ーストック、すなわち日本のお金の発行量はずっと右肩上がりに増えている。理論通りの結果だ。このお金は借金で作られ、その借金に利息がつくので、もっと多くのお金がないと返せない。したがって、また借金でお金を増やす必要があるが、その借金にも利息がつくため、さらに多くのお金が必要だ。それもまた借金で作り、そこにも金利がつくという連鎖で、お金はずっと右肩上がりに増え続けている。

このお金を作ったのは、当然誰かの借金だ。それは銀行の民間への貸出残高で表される。見ての通り、借金とお金は並行して増えている。借金でお金を作るのだから当然だ。少なくとも90年代前半までは。

しかし、そこから大きく乖離《かいり》を始める。これも考えてみれば当然と言える。民間の借金がずっと増え続けるはずがない。日本では人口も増えなくなり、どうやって同じ人数に対して、借金だけ増やし続けることができるのか。同時に経済成長も止まっている。それは新たな財の生産と消費が増えていないことであり、作っても売れないということだ。お金を借りた人や企業は、それで何かを生産して販売し、お金に換えないと借金を返せない。当然、売れなければ借りられないし、銀行も貸さない。

つまり、経済成長がなくなれば、民間に対する借金は増えなくなるに決まっている。少し考えれば、誰でもわかる話だ。そして、それをデータが証明している。90年代以降、GDPは横ばいとなり、それと同じように銀行の民間に対する貸出残高も横ばいとなり、お金の量と大きく乖離するようになった。これはデータに基づく明確な事実である。

そして、ここからが問題だ。民間に対する借金が増えなくなったのに、なぜお金自体は増え続けたのか？　その答えも、このグラフを見れば一目瞭然だ。民間に対する借金が横ばいになると同時に、国債の残高が急速に増えている。つまり、誰かが借金をしないとお金が生まれない仕組みの中、民間の借金でお金を増やせなくなってから以降は、政府の借金でお金、すなわち皆さんの預金を増やしてきたということだ。

ここで皆さんは疑問に思うかもしれない。どうして政府の借金が自分たちの預金を増やすのか。むしろ逆に思える。なぜなら、政府の借金が大変だからという理由で、税金も社会保障費も上がり、ほとんどの人の預金残高は全く増えていないからだ。

しかし、これはあくまでも経済全体のお金の量だ。あなたの預金が増えていなかったとしても、他の誰かの預金は増えていて、全体として見れば、ずっと増え続けてきたということだ。もし皆さんのところに行っていないのだとすると、とても配分が歪んでいるのである。それは、この国が世界一の資産国家であることからもわかる。多くの人にその実感がないのは、いつの間にか、ごく一部の者だけが儲かる国になっているからだ。

話をお金の量に戻そう。つまり、これは経済全体のお金の量だ。それは明らかに増え続けている。具体的に、政府の借金がそれを増やすメカニズムはこうだ。例えば、２０２３年度の一般会計予算の税収は約70兆円、これは皆さんが払った税金だ。これに対し、もし70兆円の予算を組んだとすると、政府が集めた70兆円を、そのまま使って民間に戻すことになる。政府の支出は基本的に民間に払われる。公務員も家に帰れば民間人だし、政府事業を請け負うのも民間企業だ。つまり、70兆円の税収で70兆円の支出ということは、民間が払った税金が政府に使われて、民間に戻ってくるだけ。お金は行って来いで、増えも減りもしない。

しかし、仮に政府が70兆円の税収で１００兆円の予算を組んだとする。足りない30兆円をどうするかと言うと、国債を新規に発行する。それを銀行に売れば、政府は30兆円を銀行から借りることになる。それは元々、皆さんの預金だ。銀行は皆さんのお金を預かり、それを貸している。しかし、だからと言って皆さんの預金が減るわけではない。日本中の誰の預金も現金も減らない。なのに、銀行が政府に30兆円を貸すことができる。なぜなら、銀行はお金を作って貸すことができるからだ。信用創造と同じである。

だから、銀行は新たに30兆円を創造して政府に貸し、政府は集めた税収70兆円と合わせて100兆円を支出すれば、民間が100兆円を受け取ることになる。払っている税金が70兆円だから、差し引き30兆円、民間のお金が増える。

したがって、政府の借金とお金の量が30兆円ずつ増えるのは偶然ではない。政府が自らの借金で30兆円を銀行に作らせ、自らの予算経由で民間に渡しているから、政府の借金とお金の量は並行して増えるのだ。グラフを見れば一目瞭然である。この20年ほど、政府の借金がお金を増やしてきたことは、その2本の平行線が証明している。

そして、これは当然の帰結なのだ。政府の借金は、決して政府の無駄遣いのせいでも、税収が足りないせいでもない。誰かが借金をしなければお金が生まれない仕組みの中で、いずれ民間の借金が頭打ちになる以上、必ず政府が借金を膨らませてお金を発行せざるを得なくなるのだ。それを理解せず、ただ政府の借金を問題視しても何も変わらない。それはそもそも返せないものだという事実を、まず多くの人が理解する必要がある。

政府の借金を返せばその分のお金が消える！だから絶対に返せない!!

この金融システムの結果、図5にも示すように、2023年時点の日本のマネーストック（お金の発行量）は1240兆円、これに対し、国債

（政府の借金）の残高は1100兆円。この状態で政府の借金を税金で返すと何が起きるか？　もちろん、お金はほとんどなくなる。なぜなら、現代のお金＝借金であって、借金を消せばお金も消えるからだ。

例えば、増税して、税収を120兆円に上げるとする。それに対して、支出は100兆円のまま。すると、皆さんが税金を120兆円払っても、政府が100兆円しか使わないので、戻りは100兆円のみ。差し引き20兆円分の皆さんのお金が消える。では、その20兆円を誰が持っているのか？

もちろん政府である。皆さんが政府に120兆円を払い、政府が100兆円しか使わないわけで、その差額の20兆円は政府が黒字として持っている。つまり、そういうことなのだ。「政府の黒字は国民の赤字」であり、「政府の赤字は国民の黒字」、表裏一体である。政府が黒字になればなるほど、国民の所得は減り、政府が赤字になればなるほど、国民の所得は増える。皆さんはどちらが良いだろうか？

よく巷で言われている財政再建という言葉、いかにも良いことかのように喧伝されているが、はっきり言って自殺行為だ。よく地方財政でも市長が財政再建で評価されるが、無駄を削ることはいいとしても、黒字化してはいけない。なぜなら、預かった税金は全て使って市民に還元するのが当然だからだ。

中央政府に関して言えば、「必ず赤字でなければならない」。なぜなら、今のお金の発行の仕組みでは、お金と借金は増え続けなければならず、民間の借金が増えなくなれば、必ず政府が借金を増やす必要があるからだ。しかし、残念ながら、今の日本でこの仕組みを理解する人は少なく、緊縮財政で自らの首を絞めている状態だ。一刻も早く多くの人が理解することを期待している。

さて、前述の通り、もし政府が20兆円の黒字になれば、それで政府の借金を減らすことができる。毎年20兆円ずつ減らせば、55年後には政府の借金は完済できる。しかし、毎年政府が20兆円の黒字ということは、国民が毎年20兆円の赤字ということだ。55年後には１１００兆円が消え、利息も考えれば、国民のお金はほとんど消える。当たり前である。なぜなら、「現代のお金＝借金」であって、借金を消せば、その分のお金も消える仕組みだからだ。今やほとんどのお金が政府の借金で作られている状態で、政府の借金を税金で返せば、ほとんどのお金は消えてしまう。

要するに、政府の借金を税金で返すなどという選択肢は、今や全く存在しない。それをいまだに言っている人は、お金の発行の仕組みを知らないか、頭が80年代で止まっている。

確かに昔はそれが可能な時代があった。80年代までの、人口も増え、経済成長もあった頃は、民間に対する借金で十分お金が作られ、政府の借金は少なくて済んだ。だが、これは古き良き時代だ。いつまでも人口が増え、経済成長が続くことはあり得ない。必ず頭打ちになる。実際にバブル崩壊以降はそうなり、民間の伸びない借金を政府の借金が肩代わりするようになった。そうなればもう、二度と政府の借金は返せなくなる。なぜなら、これは不可逆だからだ。このことを理解せず、政府の借金を問題視し、政府の支出を制限することがいかに破滅的かを、多くの人が理解すれば、この国の政治も大きく変わるはずである。

MMT（現代貨幣理論）は金融屋の通貨発行益を守るために流布された?!

何年か前から言われ始めた現代貨幣理論、いわゆるMMTは、恐らく政府の借金が返せないことに気づいた人たちが、それを正当化するために言い出したと思われる。主にアメリカの民主党の女性議員、アレクサンドリア・オカシオ＝コルテスが取り上げて有名になった。要するに、「自国通貨建てで国債を発行できていれば、政府は財政破綻しないため、歳出をいくらでも拡大できる」という理論だ。図5を用いてもっと簡単にこの理論を表すと、マネーストックと国債残高の平行線は、そのままいくらでも上がり続けることができるということだ。

確かにそれはその通りだ。しかし、私に言わせれば、お前（アメリカ人）が言うな、という話だ。確かに普通の国は、その国の通貨で国債を発行し、それが買われるということは、概ねその国民が買うということで、そっくりそのまま国民の資産になるわけだから、財政破綻などあり得ない。いざとなったら、その国民からお金を徴収する徴税権もあるのだから。

しかし、アメリカの場合は違う。いかにドル建ての米国債でも、それを多くの外国勢に買わせている状態で、もし際限なく国債を発行すれば、外国勢の投資意欲は減退する。返せないことが明白になるからだ。最終的に外国勢は、日本のような属国を除き、誰も買わなくなり、米国債は暴落しかねない。その時に、中央銀行、すなわちFRBが買い支えるという手はあるが、これは恐らく禁じ手だ。なぜなら、それこそ、中央銀行が無節操にお金を刷るのと同義で、ドルは暴落を免れないからだ。そうなれば、もはや完全に手詰まりになる。通貨が信用を失えば、その通貨建ての国債が買われることはない。だから、アメリカがMMTを言う資格はない。なぜなら、それは最終的に、米国債を保有する他国の資産の紙屑化を正当化する理論だからだ。

ただ、いずれにしてもMMTの最大の問題はそれではない。問題の本質は、どこまで行っても、今のお金の発行の仕組みの枠内の理論でしかないことだ。結局、永遠に返せない借金を増やし続けることになる。借金は返すから借金なのであって、増やし続けるだけの借金は無意味だ。もはや借金ですらない。にもかかわらず、それをいつまでも借金にし続けることによって、重大な問題が発生する。それは金利である。

今、日本の国債で発生する利払いは、年間約10兆円。この30年間で300兆円を超える。これを誰が払ってきたか？　もちろん、皆さんである。国民が税金で払い、貸している人に払っている。では、誰が貸しているか？　ほぼ銀行である。銀行が皆さんからお金を預かり、それを政府に貸して金利を稼いでいる。しかし、皆さんはほとんど金利を受け取っていない。なぜなら、この30年近く、日本の普通預金の金利はほぼゼロだったからだ。そして、そのほとんどは銀行、そしてその株主が受け取っている。こんな馬鹿な話があるだろうか？

銀行が無からお金を作り、それを政府に貸して利息を得ている。これは通貨発行益と言っても過言ではない。今やほとんどの国の政府が通貨発行益を得ていない状況で、なぜ民間銀行がそんな特権を持つのだろう？　しかもその株主の3割以上は、今や外国人だ。例えば三井住友フィナンシャルグループの株主構成は36％が外国人、三菱ＵＦＪフィナンシャル・グループで31％、みずほフィナンシャルグループでも26％だ。つまり、この30年間で皆さんが苦労しながら税金で払った300兆円以上の利息が金融資本家に、そのうちの3割は外国人株主に流れ続けている。これが問題でなくて、何が問題なのだろう？

株主がほぼ同じ顔ぶれのマスコミ、軍需産業、医療産業

このＭＭＴが急に報道され、世界的に認知された理由についても考察が必要だ。誰にとって都合の良い理論か？　まずは政府支出に紐づいたあら

ゆる業界である。特に医療産業、軍需産業など、公的なお金が流れる業界にとって、政府支出の削減は死活問題だ。そういう業界とマスメディアの株主たちは、実はほとんど同じだ。

例えば、新型コロナワクチンを中心に、2021年だけでそれぞれ5・5兆円と2・7兆円を売り上げたファイザーとモデルナの株主構成を見ると、上からヴァンガード、ブラックロック、ステート・ストリートという同じ顔ぶれの投資ファンド以下、金融機関がずらりと並ぶ。

アメリカ最大の軍需企業であるボーイング、ロッキードの株主も同じ。上からヴァンガード、ブラックロック、ステート・ストリート以下、金融機関のオンパレード。

マスメディアも同じだ。ABC、ESPNを所有するウォルト・ディズニー・カンパニーと、NBCを所有するコムキャスト、それからCNNを保有するワーナー・ブラザース・ディスカバリー、さらにCBSを保有するパラマウント・グローバル、そしてFOXの株主も、上からヴァンガード、ブラックロック、ステート・ストリート他、ほぼ同じ顔ぶれ。

軍需産業や医療産業に投資して利益を上げたい株主たちが、マスコミの株も持っている。政府がいくら国債を発行して、財政赤字を膨らませ、軍需産業や医療産業にお金を流そうが全く問題ないというMMTを、自分たちに都合が良いという理由で報道したとしても不思議ではない。もちろん、MMTだけではなく、国防や医療に関するニュースも、その業界が儲かる方向に誘導することは理にかなっている。株主が共通というのもあるが、戦争や病気など、世間の関心を多く集めるニュースは、センセーショナルであればあるほど、マスメディアの売上も上がるからだ。

ちなみに、大手マスコミ以外に大きな影響力を持つようになった動画メディアYouTubeは、新型コロナやワクチンに関して異様なほど極端な規制をかけ、真っ当な疑問さえ封じる言論規制を行っている。これを運営するGoogleの持株会社アルファベットの株主も上位からヴァンガード、ブラックロック、ステート・ストリートだ。当然、Googleの検索結果にも、不適切なページへのリンクは表示されないアルゴリズムが組み込まれていることは容易に想像がつく。

そして、これらの全ての業界にお金を流している金貸し屋にとって、MMTはとても都合の良い理論なのだ。なぜなら、貸したお金を金利分余計に返してもらうためには、常にもっと多くのお金が必要になる。その分、また貸し出しを増やさないとお金は増えないが、当然、そこにも金利がつく。したがって、もっと多くのお金を、もっと多くの借金で作らなければならないが、そんなことは無限には続かない。すでに日本の例でも実証された通り、民間への貸し出しは必ず頭打ちになる。どの国だろうが、人口増と経済成長が無限に続くことはないからだ。

その時に、最も有難い存在が政府である。政府なら、いくら借金を増やし続けても絶対に潰れることはないし、国民から税金を徴収してまで利息を払ってくれる。つまり、政府は一番安全確実なお客さんなのだ。その政府がもし、国債を発行しなくなったらどうなるか？　金貸し屋は儲ける術を失う。だからＭＭＴが必要なのだ。それが常識になれば、政府はいくらでも国債を発行し、支出を増やすことができる。そして、その利息が金貸し屋に回ってくる。

実は私は、この問題の根本的な解決方法を主張して、10年以上前から政治活動をしている。それが政府紙幣の発行である。政府が、誰の借金でもないお金を発行すればいいのだ。その具体的なやり方は次に説明するが、要するに政府がお金を直接発行できるようになれば、もはや国債を発行して銀行から借りる必要はなくなる。それどころか、これも後述するが、政府の借金を即座に完済することも可能だ。つまり、金貸し屋は最大の上客を失うことになる。同時に、皆さんが毎年税金で払っている年間約10兆円の利息は消え、これまでの30年間で払った３００兆円の利息分すら返すことも可能だ。私にはそうしない理由が全くわからない。だから、ずっと伝えて回っている。皆さんが理解することが一番の近道だからだ。

第四章

政府紙幣の発行で全ては根本的に解決する

世界一の黒字国である日本が政府紙幣を発行すれば税金もゼロにできる

政府紙幣の発行と言うと、何となく現在流通している日銀券と、もう一つ別の紙幣が流通するように想像する人がいるかもしれないが、実はそうではない。なぜなら、現代のお金はほとんどが預金であり、「お金の発行とは、預金を増やすこと」であり、政府紙幣の発行も、そのための手段でしかないからだ。

ちなみに、政府紙幣の発行は、現行の法律の範囲内ではできない。紙幣は日銀券のみで、政府は発行できない。政府が発行できるのは硬貨のみで、既存の硬貨と記念硬貨しか発行できないし、額面にも制限がある。また、政府が国債を発行し、それを直接日銀に売れば、日銀がその代金を政府預金口座に記帳し、実質的に政府が直接預金を作ることができるが、これも財政法第5条で禁じられている。いずれの方法も法律の改正を要し、私が政治家として活動しているのは、最終的にはその法改正のためである。

それがいつ実現するかはさて置き、理論上のやり方を説明する。基本的にやるべきことは、日銀の政府口座に数字を作ることである。決して紙幣のような現物のお金を作ることが目的ではない。したがって、政府紙幣でも政府硬貨でも、または無期限の無利子国債でも同じで、日銀が政府からそれを預かり、政府口座にその分の数字を記帳できる金融資産なら何でも構わない。そして、できれば額面は高い方がいい。例えば100兆円を発行する時には、1兆円紙幣や硬貨、国債などを100単位作ればいい。なぜなら、その方が場所を取らないし、盗まれても安心だからだ。1兆円紙幣など、世間では全く役に立たない紙切れに過ぎない。誰もお釣りを払えないのだから。しかし、日銀に預ける限りにおいては、それが100枚あれば、100兆円の数字が預金として政府口座に記帳される。

あとは政府が、その数字を送金して政府支出を賄えばいい。そうすれば、例えば税金をゼロにすることも可能だ。１００兆円の予算を、税金をゼロにして、全部政府紙幣で作った政府預金で賄っても、受け取る側は何も変わらない。公務員や政府事業を請け負う企業は、今まで通りの送金を受け、それを送金する時も普通の送金だし、引き出す時には今までと同じ日銀券だ。

しかし、経済全体としては、これで１００兆円の預金が増えることになる。その分の税金は払わず、皆さんの預金は減らないからだ。つまり、政府支出分、預金量が増える。均等に行き渡れば、一人あたり約80万円、四人家族で約３２０万円増える。少し働くことを減らし、消費を増やしてもいいと思えないだろうか？

もし、日本中がそうすれば、日本の生産は減る。生産が減れば輸出は減る。逆に余計にお金と時間を手にする分、消費を増やせば輸入が増える。日本は資源が少なく、エネルギーを海外に頼っているからだ。輸出が減って輸入が増える、ということは貿易赤字になるかもしれないが、この国は世界一の黒字国だ。何か問題があるだろうか？　他国は大喜びだ。日本が赤字化すれば、他国は黒字化する。

実は日本という国は、無税国家に世界一近い。なぜなら、世界一の黒字国だからだ。国の経済的な自立とは、まず自給できるものは自給した上で、足りないものを輸入するための外貨が稼げるかどうかだ。日本は世界一稼いでいるので、自立を遥かに超え、働き過ぎの状態だ。その国で、なぜ国民が重税感に喘《あえ》いでいるのだろう？

中東の産油国で、税金ゼロの国があると聞いたことはないだろうか？

例えばサウジアラビアでは、2018年に付加価値税（日本では消費税に相当）を導入するまで税金がなかった。彼らの石油ガス事業は全てサウジアラビア国営石油が独占していて、そこで上がった利益を国民に分配していたからだ。必要なものを輸入するだけの十分な外貨をそれで稼いでいるため、税金など取る必要はなかった。今も所得税はない。

ということは、日本はサウジアラビアを超える世界一の外貨を33年間稼ぎ続けているのだから、当然税金などいらないはずだ。特に日本の場合、資源も少ない状態で、国民の労働だけで稼いでいる。その労働の成果をなぜ国民に還元せず、逆に高い税金を払わせているのか。これを搾取と言わずして何と言うのだろう？

例えば、この国の食料自給率はわずか40％だ。残りの60％は海外からドルで買っている。そのドルを世界一持っていて、政府だけで1兆3000

億ドルも持っている。それで食料を買い、国民に無料で配って何の問題があるのか。

教育費も大学院まで全部無料にできる。今いる日本人が、今いる子どもたちに教えるのに、その人たちの時間と労力と経験以外に何が必要なのか？　外貨すらいらない。それをするために必要な引換券（円）は、ただの数字なのだから、政府通貨で作って渡せば済む話だ。そのための税金が必要だとか、お金がないからできないとか言うのは、家の中で子どもがお金を払えないから、親が勉強を教えないというようなものだ。世界一のお金持ち家庭で、家の中でお金をやりとりをする方がおかしい。普通は単に分け合うだけだ。この国がそうなっていないのはなぜか、一度よく考えてみるといい。

繰り返しになるが、この国は紛れもなく、世界一の黒字国である。つま

り、世界一、税金をゼロにできる国なのだ。そのことを多くの人に知って
ほしい。

税金がなくならない理由は国民の思考停止と搾取の構造

この国が世界一無税国家に近いのにもかかわらず、税金を取り続け、多くの国民が重税感に喘いでいる一番の理由は、大抵の人が思考停止しているからだ。そもそも、ずっと払い続けていたため、そういうものだとほとんどの人が思い込んでいる。これはとても古い思い込み、恐らく江戸時代の年貢米からの思い込みだ。年貢米は実物なので、集めないと配れないし、食べられない。だから、何かの対価として使う場合は、必ず実物を集めて、渡す必要があるのだ。

しかし、お金は実物ではない。銀行が無から作り出しているただの数字

だ。それも誰かの借金と表裏一体で作り出される。無論、政府の借金も同じだ。すでに説明した通り、政府が赤字分の国債を発行し、それを銀行に買わせる形でお金を作らせ、政府支出を通じてそれを世の中に回してきた。

実際、日本の政府は1965年に戦後最初の赤字国債を発行してから、今日に至るまで、ほぼ毎年赤字で、足りない分は政府が借金を増やし、その分のお金を銀行に作らせて使ってきた。それができるなら、最初から税金など集めず、全て足りない分として、国債を発行し、銀行にそのお金を作らせて使えば、税金なしでも支出は賄える。

そんなことをすれば、政府の借金が膨れ過ぎて、返せなくなるという人がいるが、今までも全く返していない。そもそも、返せないということは実証済みだ。現代のお金は借金でしかなく、借金を消すとお金は消える。今やほとんどのお金が政府の借金で発行されている状況で、政府の借金を返せば、ほとんどのお金は消えてしまう。

だったら、最初から誰の借金でもない政府通貨を政府が発行し、それで政府債務も完済し、政府支出も賄えば、最初から税金などいらない。それで貿易赤字になったとしても、世界一の黒字国だから問題ないということは、すでに説明した通りだ。なのに、税金が必要という古い思い込みと思考停止が、その中で苦しむ自分たちを作り出している。

もう一つの理由は、それによって得をする人たちがいるということだ。この国でやっている国家経営を、家庭で説明するとこうなる。お父さん（政府）がお母さん（民間の富裕層）にお金を借りているものの、両方合わせた家（国）全体としてみれば世界一の貯金（対外純資産）を持っている。

その中で、お母さん（株主）がお父さん（政府）にお金をあまり払わず、借金として貸し、子ども（労働者）に少ない小遣いで仕事をさせ、作らせたものを家の外で売って世界一の貯金を持っている。お父さんは借金を返すためにお母さんからお金を取らず、子どもはなけなしの小遣いからお父さんにお金を払っている。当然、子どもはどんどん苦しくなり、お母さんはますますお金を貯め込む。さらに言うと、このお母さんには外に愛人がいて、お金の一部を貢いでいる。つまり、税金が払われる分、苦しくなる人がいる一方で、それで得をする人が国内外にいるということだ。

実際に前述の通り、日本の民間は、政府に1200兆円以上のお金を貸し、さらに海外に正味471兆円も貸すほどの巨大な資産を持っている。しかし、それは労働者たちには正当に分配されず、企業（＝その株主）が過去最大の600兆円もの内部留保を貯めている。要するに、この国の税金は、それを是正できないどころか、それを助長する仕組みになっている。

消費税が上がり、法人税が下がり、苦しい人が増えていることからもそれは明らかだ。

ちなみに、昔は確かに、税金を取った方が良い時代があった。それは戦後復興期だ。その時代は、国民にあまり余裕を与えず、必死に働いてもらうことにより、生産が増え、奇跡的な復興が成った。政府も税収を公共投資に回し、焼け野原の状態から、道路、鉄道、港湾、空港などのインフラを整えることにより、民間の生産性も上がり、物質的に豊かになり、国民も幸せになった。

税金だけではない。貯金も年金も、その時代は払った方が効率的だった。払ったお金が銀行融資や年金運用という形で大規模投資に回り、それがインフラや設備を整え、生産性を上げることによって、国民全員が恩恵を受けたからだ。物質的に豊かになり、それが生活の向上のみならず、運用益という形でお金も増やした。今はすっかり逆だ。

いまだに税金や年金を真面目に払わせ、老後に2000万円が必要と脅して貯金をさせるのは、完全な時代錯誤による悪手だ。なぜなら、これだけお金が回らず、多くの人に余裕がない状況で、無理にそんなことを強いれば、多くの人が「今」を諦めることになるからだ。

今、動かなければ未来は作られない。当時と違うのは、今、お金を政府や銀行や年金運用基金に集めても、全体の生産性を上げるような大規模投資先もなければ、大量生産して大量に売れるようなモノもないことだ。だから、お金が滞留する。増やしたい人がいても、価値が増えなければ、そのためのアイデアも実践もなければ、お金が増えることはない。いや、実際には増えているが、それは金融システムの欠陥によるもので、実体の裏付けがない無意味な数字が膨れているだけである。

今、我々に必要なのは、大量に売れなかったとしても、それぞれが欲しいと思えるユニークで多種多様な価値がたくさん生まれることだ。それには、それぞれにお金を持ってもらい、それを使って主張してもらった方が早い。私はこれが好き、私はあれが欲しいというように、実際にお金の使い途で表現してもらうのだ。そうすれば、大量に売れなくても、それぞれが一定の市場を形成する多様な小さな価値がたくさん生まれる。消費するだけではなく、自らがそんな価値の生産者や提供者になることもできる。

特に日本のような成熟した国が、今後もさらに成長していくなら、そのように個の力を最大化するしかない。もはや、一部の人間が考える画一的な価値は飽和しきっており、いつまでもピラミッド型の組織で、一部の人間の頭しか使っていない状態では、そのような多様な価値は生まれない。

しかし、残念ながら、今の日本社会は、そのような画一的な価値を大量生産するために最適化されている。だから子どもたちの教育も、従順な労働者を作るロボット生産となり、彼らの無限の可能性を潰している。全ては思考停止から来る惰性だ。本質を知り、ゼロから考え直せば、無税国家も可能なのに、何ともったいないことだろう。

政府紙幣の発行で政府の借金はすぐに完済できる

ここまでのことが理解できれば、全く同じ方法で政府の借金も即座に完済できることがわかるはずだ。１１００兆円の借金は、１１００枚の１兆円紙幣を刷り、１１００兆円の政府預金を作れば一瞬で返すことができる。そんな馬鹿な、と思うかもしれないが、そもそも、今の仕組みでは永遠に返す見込みのない借金を（返すとその分のお金が消えるため）、持続不可能な欺瞞《ぎまん》と素直に認めるだけの話だ。

ただし、これは金貸し屋にとって非常に都合が悪い。なぜなら、政府が借金せずにお金を発行できるようになれば、最大の上客を失うからだ。だから、政府紙幣発行論はあらゆる理由をつけてトンデモ論と攻撃される。曰く、財政規律が崩壊するとか、ハイパーインフレになるとか、勤労意欲が削がれる云々。

そんなものは、日本の経常収支やインフレ率の推移をモニターしながらやればいくらでもコントロールできるし、むしろ既存の金融調節より遥かにフェアで即効性がある。

従来の金融調節は金利の上げ下げで行われていた。すなわち、インフレ時には金利を上げて金融引き締め、デフレ時には金利を下げて金融緩和を行っていた。前者はお金を減らすことで、後者はお金を増やすことだ。

そのメカニズムは、金利を上げれば、金利負担が増すので、借りたい人や借りられる人が減り、新たな借金が増えなくなる分、既存の借金は返され続け、差し引き借金が減ればお金が減るという寸法だ。逆に金利を下げれば、お金を借りたい人が増え、借金が増えてお金が増えることになる。

いずれにしても、金利上昇時に真っ先に借りられなくなるのは苦しい人たちで、逆に金利低下時に最初に借りられるようになるのが比較的余裕のある層だと考えれば、金融調節の度に、格差が拡大する方向に力が働く。しかも、いずれの場合も真綿で首を絞めるように作用する。借金の増減にはある程度の時間がかかるからだ。

政府紙幣の発行で金融調節をすれば、遥かに即効的でフェアに行うことができる。政府紙幣発行による政府支出と税収の差が、前者が多ければお金の供給、後者が多ければお金の回収という、金融調節弁として機能する。そして、税制と政府支出自体がフェアでありさえすれば、全体量の調節だけで、細部までバランス良くそれが及ぶ。しかも、これを毎年の予算で、場合によっては補正予算で調節できれば、より迅速に政策意図を反映することができる。今のやり方より遥かに合理的である。だから、前言を翻すようだが、実は私は税金をゼロにできるとは言っているが、すればいいとは思っていない。なぜなら、金融調節弁としての重要な役割があるからだ。

もう一つ、税金の重要な意義は思想の反映である。例えば累進課税や相続税などは、前者は富の再配分、後者は富の格差の世代間移転を防止するという意義がある。株の売買益に対する分離課税がわずか20％と低く、所得税と地方税の最高税率が合わせて55％にも達するのは、国民は実体価値を作る労働で所得を得るよりも、株の売買という不労所得を得た方がいいという思想的メッセージを発していることになる。言うまでもなく、全員がそうすれば国は滅ぶ。本来なら分離せず、所得税と合算して課税すべきだが、いずれにしても、それによって国の形が変わるのだ。したがって、そういう思想的な税金は必要だ。だが、足りないという理由だけで集める税金は全く必要ない。

最後に、勤労意欲が削がれると言う人にはこう問いたい。あなたは働くのをやめるのだろうか？　と。恐らくやめないだろう。日本の人たちが、税金がなくなったり、数百万円お金を配られたぐらいで、働かなくなるとは思えない。むしろ、お金以外の大事なことのために働き始めるだろう。そして、後述するが、それこそが日本人が握る、世界を救うための鍵の一つとなるに違いない。

労働者の命の時間を奪う利息という不労所得を駆逐する

私が10年以上、政府紙幣の発行を主張しているのは、それによって利息という「不労所得」を駆逐するためだ。すでに説明した通り、この30年で300兆円以上の利息が、政府の借金によって発生している。それを皆さんが税金で払い、無からお金を作って貸している銀行の株主が、そのうちの3割は外国人株主が受け取っている。

それ以外にも、住宅ローン、企業に対する融資など、全てのお金が誰かの借金として発行されている。つまり、あなたが使う全てのお金には発行の段階から金利がついていて、何かにお金を払う度に、知らず知らずの間にその金利を支払っている。そのお金を使っている限り、逃れようがないのだ。必ず政府は税金として、企業は売上として、その分のお金をあなたから徴収することになる。誰がどこでどれだけ払っているかはわからないが、どこへ行くかは明らかだ。

金利は、元々お金があって貸している人、または無からお金を作って貸す銀行、ひいてはその株主たちに集められ続ける。そもそも株式会社の銀行などあってはならないのだ。その株主が通貨発行益を得ることになるのだから。全てのお金が元本となり、そこにかかる莫大な利息を皆さんが払い続け、それを一部の株主が得るという構造は、どう考えても理不尽だ。

不労所得は金利だけではない。この国の土地の値段は高い。したがって、それを背景にした高い地代も、不労所得として土地権者に集められ続けている。当然、それを買うお金も銀行が融資すれば、そこにも金利がかかり、その土地を利用して行う全ての事業のサービス、商品の価格には、その利息と、地代という不労所得が織り込まれる。当たり前の話だが、土地なしでできる事業など存在しない。だから、皆さんは知らず知らずのうちに、その不労所得を払い、一部の人たちがそれを手にしている。

マハトマ・ガンジーはかつて、7つの社会的な大罪の一つとして、「労働なき富」を挙げた。それが労働者から、本来受け取るべき労働の対価を奪う略奪行為だからだ。皆さんが払うお金のうち、そこに含まれる利息や土地代が多ければ多いほど、その商品やサービスを作っている労働者の労働対価は減り、権利を持っているだけの人たちが手にする不労所得が増える。富とは本来、お金ではなく、それで交換できる実体の価値の方だ。それを実際に作っている労働者が、その正当な対価を得られない社会は真っ当ではない。私もガンジーと全く同じ意見だ。

ちなみに、本書では説明しないが、私が土地の公有化を主張し続けているのも、この問題を本質的に捉えた結果だ。そもそも、全ての生物で共有することの地球を、人類だけが所有し、意のままにできるという考え自体、人間として恥ずかしくなるレベルの低さだ。所有もお金も国境も、我々の頭の中にしかない幻想に過ぎないのに。

しかし、残念ながら、我々の世界はその幻想で動いており、その中で多くの人が正当な労働の対価を奪われ続けているのが現状だ。そして、その奪われたお金を取り返そうと、人々はさらに自分たちの大事な時間を売り、どんどん時間をなくし続けている。正に、ミハエル・エンデが書いた『モモ』に出てくる町の住民のように。

エンデが書いた『モモ』は、一般的には児童書と思われているが、実はそれだけではない。現代のお金の発行の仕組みと、それに付随する金利のおかしさを描いた物語だ。時間泥棒が町のみんなから時間を盗み、それをモモという少女が取り返す物語。その中に出てくる時間泥棒たちは、実は金利のメタファーだ。彼らは「灰色の男たち」と呼ばれていて、目立たないように灰色の服を着て、目立たないように人々の生活の中に紛れ込み、知らず知らずの間に時間を盗んでいく。正に金利の働きそのものだ。

全てのお金が借金で発行され、その全てに金利がつく、知らず知らずの間にそれを人々が払わされ続け、気がつけばそれを取り返すために時間を売り、どんどん時間を奪われていく。『モモ』の世界でも、人びとは最初、時間泥棒の存在に気がつかず、よくわからないうちに時間を失くし、忙《せわ》しなくなり、モモがいる円形劇場にも来なくなり、子どもたちと遊ぶ時間も失くしていく。正に同じことが実際に起きているではないか。要するに、現代の金融システムの中に、金利という時間泥棒が存在するからだ。

もし、我々がこのおかしな仕組みを変えれば、時間泥棒を駆逐することができる。皆さんの時間、すなわち命を、わからないように少しずつ奪い続ける仕組み、そんなものが続く一番の原因は、多くの人が知らないからだ。もう一つは思考停止。世界的に当たり前に行われ続けた仕組みを疑う人は少ない。

しかし、いずれも我々の頭の中だけの問題だ。だから、難しい話ではない。それぞれが自分の頭の中を書き換えるだけで十分。他の人のことは心配しなくていい。それはその人の責任だ。みんなが少なくとも自分の頭さえ書き換えれば、遠からず我々は、金利や地代という不労所得、ひいては国境や所有という概念ごと駆逐することができる。その新しい時代の芽は、すでにあなたの心の中にあるはずだ。

銀行は社会の公器であり株式会社であってはならない

ちなみに、もし前述の通り、政府紙幣を発行し、それで政府支出を賄い、さらに今までの政府の借金を完済した場合、一番困るのは金融業である。特に銀行。なぜなら、彼らの特権である通貨発行権を奪うことになるからだ。

ただ、これも実はそう単純な話ではない。多くの人が今の認識のまま、単に通貨発行権を政府が取り戻せば、銀行はなりふりかまわず皆さんからその分、利益を上げようとするだろう。なぜなら、ほとんどの銀行が株式会社で、株主のために利益を最大化することが目的化しているからだ。

実際、三菱ＵＦＪフィナンシャル・グループ、三井住友ＦＧ、みずほＦＧの三大メガバンクグループは、これだけ多くの国民が苦しんでいる中、２０２４年３月期決算で揃って過去最高益を上げている。これはゼロ金利解除の影響が大きい。どういうことか？

実は銀行はアベノミクスの異次元の金融緩和とマイナス金利で、一時的に収益を減らしていた。アベノミクスの本質は、日銀が銀行から国債を大量に買い取ることにより、銀行の政府に対する融資を突き返し、民間に融資させ、従来の信用創造を通じてお金を増やそうとしたことである。しかも、そこにマイナス金利をかけることにより、突っ返されたお金のいわゆる「ブタ積み」に対してペナルティーを課した。

「ブタ積み」とは、各銀行が日銀に持っている当座預金口座にお金を無駄に積み上げ、それを民間に融資しないことをいう。もちろん各銀行は、集めた預金の一部を日銀に預けなければいけない預金準備制度の下に営業している。したがって、預金準備率分は預けなければならないのだが、それを遥かに超える金額を日銀の当座預金口座に置いているのが現状だ。

2023年の資金循環統計によると、各銀行が日銀に預けている預金総額は500兆円を軽く超える。現在の預金準備率は預金の種類により、0・05%〜1・3%なので、平均1%と考えると、500兆円の100倍、つまり5京円以上の預金を持つことができる。言い換えると、それだけ融資して、預金を作ることが可能だということだ。

しかし、実際、同統計によると、預金総額はたかだか1700兆円。つまり、必要な法定準備額はたかだか17兆円なのにもかかわらず、500兆円近い不要な準備金が無駄に「ブタ積み」されていることになる。この余分な準備金を超過準備金と言い、実は日銀は、2016年からそこにマイナス0・1%の金利を課していた。そうすることにより、銀行にペナルティーを課していたわけだ。

銀行からすると、今まで政府にお金を貸し、金利を稼いでいたお金が、マイナス金利で減ることになる。そうなれば、当然それを民間に貸し、金利を稼ごうとするだろう。つまりその分の信用創造でお金が増えるというのがアベノミクスの目論見だった。しかし、そんな古典的な手法が通用するなら、そもそもこんな苦労はしないのだ。問題の本質は資本主義や金融システムの構造的な欠陥であって、構造そのままにいくら従来の手法を異次元に拡大したところで、歪みは大きくなるばかりだ。

実際、何が起きたか？いくら銀行が民間の貸出先を拡大しようとしても、政府に代わる500兆円分の民間の貸出先など見つかるはずもない。当然、銀行はあらゆる手段を講じて、失った収益を取り戻そうとする。だから支店を減らし、人員を削減し、ATMを減らし、通帳を廃止し、手数料を上げたのだ。全ては、銀行が株式会社で、株主のために利益を上げるための組織だからだ。

銀行は本来、経済の血管だ。隅々まで張り巡らせ、血液を循環させてこそ体は健康となる。しかし、毛細血管を減らし、さらに手数料を上げて血管が太れば、当然、血流は細る。本末転倒だ。銀行は儲けてはならない。つまり、株式会社の銀行などあってはならないのだ。なぜなら、銀行は通貨発行権を持っている。無からお金を作り出し、それを貸して得る金利は言わば通貨発行益だ。それで利益を上げ、株主に、さらに言うと3割の外国人株主に分配するなどあり得ない話だ。さらにその利益を確保するためにお金の循環を阻害するなど、本末転倒も甚だしい。

しかし、その銀行が2024年3月決算期に過去最高益を上げた。なぜなら、日銀がマイナス金利を解除したからだ。前述の通り、日銀は従来、500兆円近い銀行の超過準備金にマイナス0・1％の金利を課していた。ところが2024年の3月19日にこれを解除し、プラス0・1％に変更した。それだけで、3月末までのわずか12日間で、数百億円の利益を上積みしたのだ。

さらに言うと、これから一年間で、銀行は単純計算で500兆円の0・2％分、約1兆円を余計に受け取ることになる。恐らく、間違いなく来期も過去最高益を上げることだろう。これは一体、誰のための政策なのだろう？　銀行がここまで特権的に利益を上げられることが何故許されるのか？

思えば、この国の経済の問題の多くは、銀行が作り出してきた。80年代の不動産バブルも、銀行が何の価値も生まない、所有権の移転でしかない土地の売買にお金を融資（創造）したことが原因だ。それにより、実体の裏付けのないお金が大量に生まれ、不動産価格を押し上げた。だが、最終的に総量規制で融資が制限されることにより、その資金供給が途絶えて暴落を招いた。その後の日本の不況は周知の通りである。根本的には仕組みの問題だが、銀行は今も何の反省もなく、恐らくその自覚すらなく、相変わらず土地担保融資を続けている。

問題の本質は、恐らく銀行にあるのではなく、我々自身のあり方にある。なぜ、何が起きたのか、仕組みの根本まで突き詰めず、場合によっては仕組みすら知らず、知ってもただ受け入れるのみ、大きな視野であるべき姿を追求するどころか、ただ狭い視野で目先の利益、特にお金を求めて行動する。銀行もまた、我々の社会の縮図に過ぎない。我々自身がまず、銀行とは何か、どうあるべきかを認識する必要がある。銀行だけがおかしいわけではなく、その認識が我々にもないから、おかしなことがおかしなままなのだ。

銀行は社会の公器であり、お金を円滑に回すことが仕事である。したがって、そのための重要なインフラであるＡＴＭなど国営化し、無料化すればいい。そうすればより経済は活性化し、人々は初めて、銀行のあるべき姿を理解するだろう。それが一番大事なことだ。その上で国債を全て政府紙幣に置き換え、銀行が政府から金利収入を得られなくすれば、銀行は安易に儲けられなくなり、多くは淘汰されるだろう。

だが、それで全く問題はない。皆さんの預金は政府紙幣で問題なく保全できる。そして、株式会社の銀行が絶滅し、国営銀行か、地方自治体が運営するような公営の銀行がいくつか残ればいい。必要なのは、人を見て、事業を見て、本当に必要なところにお金を融通できる本物のバンカーだ。儲けるための金融屋はこの世には必要ない。そして何よりも、それを多くの人が理解することが、そんな社会を作る第一歩である。

第五章

本質に目を向け、全てをゼロから考える

決してお金で考えてはいけない！　国家経営の本質とは？

ここからは本質の話をしよう、まずは国家経営の本質から。今まで、あまりにお金に縛られすぎていた。従来考えられていた国家経営は、まずは国家としての経済的な自立、そして健全な税金の徴収と予算編成、そして経済発展というところだろうか。しかし、これらは全て時代遅れ、かつ的外れだ。

まず、経済的な自立はやり過ぎている。これまでも説明してきた通り、この国は世界一の対外純資産を稼ぎ、自立を通り越して働き過ぎだ。しかも、その労働の対価が労働者に正当に分配されないという重大な問題を抱えている。

それから、物質的に豊かになり、人口も減る中、経済成長を模索し続けることも時代遅れだ。もはや経済成長は必要ない。それが必要となるのは、これもすでに説明した通り、お金が成長し続けるからで、今のお金の発行の仕組みの構造的な欠陥が原因だ。

そして、〝健全な〟税金の徴収と予算編成はそもそもあり得ない。なぜなら、お金の発行の仕組み自体が不健全なのだから、その中の狭い視野でそれを追求すれば、逆に不健全が極まる。また、そもそも予算をお金で考えている時点で完全に本質から外れている。国家予算とは集めた税収のことではない。前述の通り、税金など集めなくても政府支出は賄える。

本当の国家予算とは、人の時間と労力、自然資源、外貨など、そう簡単に作れない実体のリソースのことだ。逆に皆さんが予算だと思っている「円」など、いくらでも作れるただの数字である。家の中でいくらでも発行できるお手伝い券だと思えばいい。必要なら必要なだけ作って使える。しかし、人の時間と労力、自然資源、そして国際決済用の外貨はそうはいかない。簡単に作れないし、他国の通貨は稼ぐしかない。

ただ、日本の場合、いずれも余っている。すでに説明した通り、ドルは世界一稼いで余っている。そして、人の時間と労力も余っている。なぜなら、失業率がゼロではないからだ。これはまだ使えていない生産リソースがあることを意味する。それを使うのに必要なのは円、つまりただのお手伝い券だ。必要ならいくらでも作って使い、働けていない人が働ければ、その分の実体価値が生まれる。それこそが本物の富だ。その本物の富を、お金というただの数字がないから作れないというのは論理が逆転している。

恐らく、日本が本当に貧しくなりつつあるのは、この30年以上、お金という、そもそも存在すらしない、概念でしかない数字が〝ない〟ということのために、本当に〝ある〟人の時間や労力、古くからの有形無形の文化、伝統、事業、技術やノウハウから、子どもたちの無限の可能性まで、多くの大事なものを失ってきたことによる。

お金で考えるから本質を失う。大事なことは、常に実体のリソースをどう使うか、それを使って何をするかであって、それこそが国家経営の本質である。それからもう一つ、「何をしないか」も大事だ。すなわち、人の時間と労力を無駄にする障害は、最大限取り除かなければならない。これも国家経営上の大事な視点の一つだ。しかし、残念ながら、この国には障害が非常に多い。

まず、インフラが高すぎる。愚かにも、80年代から始まった新自由主義に踊らされ、ほとんど民営化してしまった。電気、ガス、通信、交通網から、水道も正に現在進行中。あらゆるインフラを民営化してきた。完全な失策である。国民の生活に必要なインフラは決して営利事業にしてはいけない。利益を上げようとすれば、労働者は安く使われ、消費者（＝同じ労働者）は高く買わされ、人々は活動しにくくなる。活動しなくても人生の時間は過ぎる。これは国家的な大損失である。

消費税の最大の問題も同じことだ。10％も課税すれば、その分消費は減退し、活動も減少する。それで国民が活動を減らせば、大事な時間が無為に過ぎてしまう。単なるお金という数字のために。そもそも無税国家に世界一近い国で、こんな馬鹿な話があるだろうか？

国民の生活に必要なインフラは全て国営、公営が当たり前だ。そして、ほぼ無料で構わない。例えば、高速道路など全て無料が当たり前だ。それは作られた時点でコストは払い終わっている。コストはもちろんお金ではなく、そのために使った人の時間と労力と資源であり、それは二度と戻ってこない。それにもかかわらず、課金してお金を回収しようとするから、使いにくくなり、下手をすると使われず、人の時間を無駄にする。本来、人の移動時間を減らすために作った高速道路が使われることなく、人の時間を無駄にしては本末転倒だ。だから、無料が当たり前なのだ。

他のインフラも同じ。ＪＲも国鉄でいい。そして一定金額まで無料にして、赤字で構わない。むしろ赤字が正解なのだ。なぜなら、すでに説明した通り、政府の赤字は国民の黒字だからだ。それこそ、例えば30歳以下は完全無料で良い。そのあり余る時間とエネルギーを使って全国どこへでも行け、と。そして色んな人と出会い、交流し、色んな体験をして、色んなアイデアを得て、色々と面白いことをやってくれれば、それが新しいビジネスなどを作り、実体の価値を作る。それこそが本物の富、豊かさである。であるのに、ただの数字のためにそれを阻害している状態だ。

この国家経営を世界一のお金持ち家庭の例で言うとわかりやすい。お父さんがお母さんにお金を借り、父親は年中お金がないと言い、子どもにお金を使わず、子どもはお母さんに高いお金を払ってご飯を食べさせてもらっている状態だ。果てには、お父さんが子ども部屋のドアをお母さんに売り渡してしまい、お母さんは子どもにドアの通行料を課金するようになった。次第に子どもは部屋から出て来なくなり、引きこもって一生を終える。

国民が国内を自由に移動し、相互に交流したり、様々な体験をして初めて人が幸せに、豊かになるのに、それをさせない国家経営とは、一体誰のためなのか？　わかってやっているのか、わからないでやっているのか、いずれにしても、我々がしっかり理解し、黙って甘んじることをやめれば、こんなことは続かないはずである。

世界一稼いでいる日本は世界一何でもできる国である

本当の国家予算、すなわち皆さんの大事な時間や労力、自然資源、外貨などを無駄にする障害は高いインフラだけではない。最大の障害は〝無駄な仕事〟である。多くの人の時間と労力や大事な資源を、今必要ないことに使えば、本当に必要なことには使えない。これこそが、この国が抱えている最大の障害だ。

例えばこの国では、これから人口が一気に減るというのに、年間80万戸も新規に住宅を着工している。新しい住宅に住みたい気持ちはわかるが、そんなに今、必要なのか？　ちなみに、皆さんの気持ち以外に大きな誘因となっているのは銀行の融資である。人や事業を見て判断するより、年収や勤続年数、不動産担保価値を元に、形式的に融資する方が簡単だ。だからお金が流れやすい。お金が流れれば人は動く。だから、わかりやすく堅いビジネスとして、新規に住宅は着工され続けるのだ。

一方、２０２４年４月発表の総務省住宅／土地統計調査の速報によると、２０２３年時点の、国内の空き家数は９００万戸と過去最多で、空き家率も13・８％と過去最大。なのにもかかわらず、総住宅数は２０１８年調査時よりも２６１万戸増え、こちらも過去最大の６５００万戸。全てが不要とは言わないが、必要以上の住宅を建て続け、使わない住宅が急増しているのは明らかだ。これは人の時間と労力の使い方としてどうなのか？　むしろ我々は、国家予算（人の時間と労力）を空き家の解体と再生にしっかりと配分し、次世代にとってより使いやすい国土を作っていくべきではないのか。

他にも、２０２４年には新札発行を実施した。恐らく新札対応の券売機の開発、設置に膨大な人の時間と労力を使っている。新５００円硬貨が流通し始めてから3年以上経った今ですら、それを使えないコインパーキングが山ほどあるのに、日本中の券売機を新札に対応させる余裕があるのか、甚だ疑問である。無駄な仕事に人の時間と労力を使えば使うほど、本当に大事なことができなくなる。その方向性を示すのが国家戦略であり、その欠如が皆さんの時間と労力を無駄にするのだ。

ただ、だから政府や政治家が悪いと言っても仕方がない。なぜなら、国家戦略の欠如は国家の意志の欠如であり、国家の意志の欠如は国民一人一人の意志の欠如であるからだ。あなたが強い意志を持って生きなければ、国家の強い意志もない。もちろん、日本人が世界を救うような未来もないだろう。それは国家戦略の恐らく究極であり、その遥か手前、個人の意志の欠如の段階で止まっているのが現状だ。

私が本書を著しているのは、その先にある未来へ進むためだ。私はいずれ必ずその究極に達すると思っている。だが、そのためにはいくつか足りないものがある。それがまずは現状認識。日本の状況やお金の発行の仕組みなど、この世を動かす大きな要素を把握していないため、一歩すら踏み出せないでいる。日本が世界一の対外純資産国であることすら知らない人が大多数だ。それでは自信を失って下を向いてしまうのも無理はない。

しかし、実際は世界一稼いでいる国であり、その対外純資産を使えば、世界一何でもできる国だ。税金すらゼロにできる。それを使って何をするのか？　何をしたいのか？　私が問いかけたいのはそこだ。私の考えは後ほど述べる。それが、我々が握っている三つの鍵のうちの一つだからだ。だが、これはたった一人の名もなき政治家が言っているからそうなのではなく、一人一人が答えを出す問題だ。

繰り返しになるが、いかなる国家の方向性も、個人個人の方向性の総体である。一人一人の意志なくして、国家の意志はあり得ない。今、この時代に生まれて生きているあなたが、何のためにその命を使いたいのか？

一人一人が自分の答えを出すしかない。その結果、多くの人が指し示す方向が、やがて国家の方向性になる、という順番だ。だから私は、現状を知らせると同時に、そこからの生き方をあなたに問うている。「この国は世界一の純資産国であり、世界一何でもできる国だが、その中であなたはどう生きたいか？」と。

この国を動かしているのは誰か？

ここまで読んで、皆さんはどう思うだろうか？　我々は自分たちの国を、望む形にできているのだろうか？　もしそうでないなら、それは間違いなく我々のせいだ。我々が望みを主張せず、行動せず、下手をすると、その意志すら明確に持たずに生きてきた結果である。しかし、それだけとも言い難い。どうもこの国では、国民に由来する権力以外の権力も働いているように見える。もちろん皆さんもわかっているだろう。それは在日米軍だ。

例えば、日米合同委員会は日米地位協定運用のための実施機関だが、そこに参加しているのが、日本側は外務省の北米局長をトップとする官僚、アメリカ側は在日米軍副司令官をトップとする軍人である。それは25委員会と11部会で構成され、そこで決まったことは一切公表されずに実施される。

わかりやすい例で言うと、横田基地の上空、地上3700メートルから最高7000メートルまで、東京、神奈川、埼玉、群馬のほぼ全域、栃木、新潟、長野、山梨、静岡、福島の一部、合わせて一都九県に及ぶ広大な空域、いわゆる横田空域は米軍が管轄し、日本の民間機は許可なく立ち入り禁止、というようなことが決められている。しかも、このようなことが正規の外交ルートでもなく、我々が選んだ国会議員が一切関与できない状態で、アメリカの軍人が日本の官僚に直接指示する形で行われているのだ。

これまで少なくとも60年分の議事録が存在することがわかっているが、それも一切公開されない。これが何を意味するかわかるだろうか？

はっきり言おう。日本はまだ占領状態にある。なぜなら、その頃からほぼ同じ条件で米軍が駐留し、その〝地位〟は変わらないのだから。我々が日米安保条約を締結したから、といえば対等らしく聞こえるが、実際は占領され続けることを受け入れただけではないか。問題は、我々にその自覚があるか、ということだ。自分が選んだ覚えはないという言い訳は通用しない。なぜなら、今も選び続けているからだ。選挙で「選択肢がない」と言う人が多いが、選択肢を誰かが与えてくれると思ったら大間違いだ。その依存心が今の状況を作っている。

そう考えると、これまで説明してきた、日本の賃金が上がらない状況も、米国債を世界一買って貢いでいる状況も、全て同根であることがわかる。

その他にも砂川裁判や年次改革要望書など、この国が今も被占領国であることを示す事例は枚挙にいとまがない。詳しくはご自身で調べればわかると思うが、例えば年次改革要望書と日本の政策を照らし合わせてみれば、いかに我々の内政がアメリカの要望で決まっているかがわかる。わかりやすい事例で言うと、様々な市場開放のための規制緩和、大規模小売店舗法の廃止や独占禁止法の改正、労働者派遣法の改正、郵政民営化、日本道路公団の分割民営化や健康保険の3割負担など、我々の生活に非常に大きな影響を与えた政策が、揃いも揃ってアメリカの要望で決まっている状況を皆さんはどう思われるだろうか？

素朴な疑問として、この国は誰が動かしているのか？　まずはそれを問うてみることだ。先ほども書いた通り、その認識が現状に基づいていない限り、残念ながら何も始まらない。経緯や外的な要因はともかく、それを招いた我々自身の生き方、あり方はまだ、今ここにある。それを我々一人一人がどうするか。つまり、あなたが今、どうするかが肝心なのだ。

戦争は本当に終わったのか？

今の日本、これからの日本を語る上で、どうしても外せないのが先の戦争である。それは本当に終わったと言えるのだろうか？　私は残念ながら、二つの理由で終わっていないと考えている。

それは、まず一つには、これまで述べたことでもわかるように、政治、経済、軍事は完全にコントロールされ、見せかけだけの独立に甘んじ、今なお、まるで全面降伏中の属国だからだ。アメリカとの関係だけではない。なぜ国際連合に敵国条項が残っているのか？

もう一つは、そしてこちらの方が大事なことだが、我々自身が、戦争から何も学んでいないからだ。なぜ、どのようにして戦争は起き、我々は何をして、何をしなかったのか。

もちろん、その時代に生きていた人は今、ほとんどいなくなった。しかし、その生き方、あり方は世代を超えて今も残る。上の世代の大人が下の世代に教えることが連綿とつながれ、社会通念として残るからだ。何か戦争のような大きな出来事をきっかけに、上の世代が自分たちのあり方を根本的に見直さなければ、その原因となったあり方も連綿と続く。そして恐らく、我々はそれをしなかった。

戦争を自分たちがしたことと主体的に捉えず、外側で起きた抗えぬ何か、まるで嵐が来て去ったかのように捉え、終戦と共に恐らく全てを水に流した。だから誰も戦争責任を取らず、米軍に支配され続けても、あの嵐に比べれば、この程度の雨はまだましと言わんばかりに、現状に甘んじ続けている。

『ゆきゆきて、神軍』というドキュメンタリー映画を観たことはあるだろうか？　原一男監督による、1987年封切りの映画だ。その中で描かれているのは、奥崎謙三というニューギニアに従軍した元日本兵だ。彼の部隊で8月15日の終戦直後、仲間の兵士が射殺された。映画は、その死の真相を究明すべく、部隊の元日本兵を訪ね歩き、その経緯や指示した張本人を明らかにしようとする奥崎の姿を追っている。最終的にその首謀格の元中隊長を特定し、彼を改造銃で射殺しに行くのだが、その息子に発砲し、殺人未遂で逮捕、収監される。その部分はさすがにテロップで流れるだけだが、全編にわたって彼の狂気とも思える行動がスクリーンに映し出される。

元々この奥崎謙三という人物は、かなり暴力的だったようで、それまでにも復員後、傷害致死罪や暴行罪で度々服役している。スクリーンの中でも、当時のことをまともに語ろうとしない元日本兵に対し、殴る蹴るの暴行を加え、それを原監督のカメラが冷静に捉えている。戦争責任を取らなかった昭和天皇を無責任の象徴と糾弾し、街宣カーで皇居や国会議事堂まで乗りつけ、警官隊にも度々制止される。取り囲む警官は私と同じ世代、当時20代ぐらいだ。

恐らく私もその頃、もし奥崎謙三に遭遇したら、同じように反応しただろう。奇異なものでも見るような目つきで、無表情に取り囲んでいる。それに対して彼は、「お前ら全員、ロボットみたいだ。天皇裕仁と同じだ！」と怒鳴る。当時なら恐らく、私もおかしな輩だとしか思わなかっただろう。しかし、今見ると、不思議と彼がとても人間的に見えてくる。逆に、彼の背景に映り込む、能面のような日本社会が異様に見えるのだ。

当時の日本は80年代、高度経済成長で物質的にはすっかり豊かになり、戦争などなかったかのように復興した後だ。だが、終戦を20歳で迎えた人もまだ60歳前後。多くの人が強烈な体験として戦争の記憶を残していたはずだ。それにもかかわらず、私自身もそうだが、若い世代はあまり戦争についてて知らずに育ってきた。知っているのはせいぜい教科書に書いてあることぐらいだ。

私にも曽祖父母と祖父母がいたが、戦争体験を聞いたことはほとんどない。忘れたかったのかもしれないし、孫に聞かせたくなかったのかもしれない。いずれにしても、同じようなことは日本中であっただろう。その結果、我々は大事なことを置き去りにした。つまり、その時に自分たちが何をしたのか、しなかったのか、それによってどのように戦争が始まり、続き、終わったのか、一人一人の体験を通した戦争のリアルを伝えて来なかった。その結果、戦争が概念化したのだ。特に戦争を知らない世代は、体験がないから、自分のリアルな行動とのつながりが全くイメージできない。

当たり前の話だが、いかなる戦争も、その時代に生きる人全員のリアルな行動によって起きる。もちろん大きく関与した人、そうでない人もいるだろう。それでも、この世の全てが折り重なって、その瞬間が常に作り出されると考えれば、大きいも小さいもなく、関係ない人は一人もいない。そして、他人の体験はわからない。だから、それぞれの視点から、その体験を通して伝えることが重要なのだ。

特に戦争という、多くの人生を巻き込むような事象に関しては、それだけ多くの人のリアルが存在し、それを共有して初めて見えてくるものがある。それなしに一部の体験だけや、ただの概念だけでそれを捉えても、恐らく戦争を止めることはできない。なぜなら、そこに至るリアルな行動のプロセスが具体的にわからなければ、それを具体的に止めることもできないからだ。戦争も、そして今の目の前にある全ての状況も、その無数のリアルの結果でしかない。

皆さんの記憶にも新しい新型コロナウィルス騒ぎの時、マスクをしない、ワクチンを打たない人に対し、「非国民」という言葉が使われた。つまり、国の方針に従わない身勝手な人々という意味だ。もちろん、戦時中に使われた意味そのままだ。そして多くの国民が従い、従わせ、大きな流れを作った。我々は恐らく、その頃と全く変わっていない。なぜなら、恐らく、その我々の一つ一つの小さな行動が、戦争につながったというリアルを、戦後全く振り返ることなく、全て水に流し、教訓を得る機会を失ったからだ。

残念ながら、この国では戦争責任はほとんど誰も取っていない。あくまでも連合国が戦犯を一方的に裁いた東京裁判があったのみで、奥崎謙三の部隊で起きたような犯罪は他にもあっただろうが、誰も裁かれていない。戦争だったから仕方がない、とでも言わんばかりに。

だが、そこが問題なのだ。そのように、外側の大きな出来事になすすべもなく翻弄され、何もできない弱い存在だと自らを過小評価し、黙って従い続け、ともすれば我慢して自己犠牲を負うことが美徳とされる風潮が、戦争のみならず、今のこの状況を作っている。

『ゆきゆきて、神軍』の中で頻繁に語られたもう一つのショッキングな話は「人肉を食べた」という話だ。全く食料も持たされずに戦地に送られ、そうしないと生き残れなかった。終戦後に彼の部隊の兵士が処刑されたのも、口減らしの意味もあった。恐らく他の戦地でも、同じようなことが起きていた可能性は否定できない。

日本兵の8割は餓死か病死だと言われている。戦うどころではなかったのだ。そんな状況の戦地に、多くの若者が送られ続け、多くの国民がそれに従い続けた。場合によっては万歳三唱や祝出征のノボリまで立てて。恐らく、本人や近親者の本当の気持ちより、お国のため、誰かのため、皆が行っているから、自分だけ身勝手は許されない等々、外側の理屈が勝ったのだろう。その結果、多くの人が自らを犠牲にし、他の人も自分を犠牲にせざるを得ない状況を作った。

我々はいまだに、従順であること、我慢すること、騒がずやり過ごすことを美徳としている。おかしなことにも黙って耐えるのが大人なのだ。当然、子どもたちは疑問に思う。特に思春期にでもなれば、大人の世界も理解し始め、おかしなこと、理不尽なことがたくさんあることに気づく。なぜこんなことが罷《まか》り通っているのか？　大人たちは説明できないばかりか、おかしいとすら思っていないように見える。内心はわからないが、それについて何もせず、黙っていれば、外側からはそう見える。

子どもにしてみれば、絶望的な気分になったとしても不思議ではない。自分が直面する理不尽も永遠に続くように思えるだろう。この国の10代～30代の死因のトップがいずれも自殺なのは、そんな大人のあり方が大きな要因ではないだろうか。

もちろん、状況はみんな違うだろうが、共通しているのは、我々が理不尽に遭遇した時の態度だ。もちろん、人によって差はあるが、総じて忍耐強い。それは恐らく、戦争以前からずっとそうだ。そして、それがいかに加害性を帯びるか、戦時中に国家的体験をしたはずなのに、それに我々は向き合わなかった。東京裁判で裁かれた人たち以外は誰も戦争責任を取らず、終戦と共に水に流したのだ。だから今も同じことが起きる。

我々は今こそ、戦争を終わらせるべきではないだろうか。それが自分たちの選択と行動の結果であることを自覚し、二度とそのようなことのないよう、しっかりと意志を持って生きること。そうして初めて、真の終戦と独立が実現する。

昭和天皇の戦争責任を問わない理由と象徴天皇の意味

日本国憲法第1条にはこう書いてある。「天皇は、日本国の象徴であり日本国民統合の象徴であって、この地位は、主権の存する日本国民の総意に基づく」。その意味するところを、皆さんは深く考えてみたことがあるだろうか？

そもそも、国民統合とは何だろう？　我々は全員個人である。個人が統合するとはどういうことだろう？　同じように考え、同じように行動することだろうか？　国の方針に従い、ワガママに振る舞わないことだろうか？　我々は皆、この物理次元に個として生まれてきた。そして自由意志がある。少なくとも私は、その自由意志を手放す気は微塵《みじん》もない。この物理世界で他の個と共存はしても、誰とも統合しようとは思わないのだ。

また、国民の総意とは何だろう？　多数決は総意ではない。そもそも、この憲法が制定された時と今では、すでに80年もの隔たりがある。その間、一度も我々は自分たちの意志を問うていない。現実はそんな杓子定規にはいかないと思うかもしれないが、恐らくそういうところなのだ。「現実、現実」と言いながら、実際はただ目の前の現象に意志もなく流され続け、あるべき姿を失っているだけなのだ。

言うまでもなく、この国は法治国家である。憲法98条には、憲法が日本の最高法規であり、これに違反する全ての法律や国務その他の行為は無効であると定められている。つまり、これがこの国の法秩序の源であり、これによって日本の形の大枠が決まっている。しかし、変わりゆく現実の中で、その有効性を問うことなく、乖離を放置し続ければ、法治国家ではなく「放置国家」だ。それは誰かが支配する人治国家ですらなく、誰も治めていない、顔の見えない空気に支配される無治国家となる。

実は戦前の日本は人治国家であった。大日本帝国憲法では、主権は天皇にあり、国民はその臣民でしかなかった。だから、この国は天皇が治める国であり、その天皇の決断で戦争が行われ、多くの国民が命を捧げた。

素朴な疑問として、その国家構造で行われた戦争について、その最高責任者である昭和天皇がなぜ、戦争責任を問われなかったのだろう？

理由は薄々わかっているはずだ。戦後の日本を統治する上で、それが得策とGHQが判断したからだ。それまでの日本は天皇の国であり、天皇がいなくなれば国の体をなさないと判断したのかもしれない。扇の要がなくなるようなもので、米軍への反発も含め、戦後統治が困難になり、混乱が長期化すると考えたとしても不思議ではない。

だが、さすがにそのまま主権者として残すわけにはいかず、国民を主権者とした。だから、憲法の最初にそのことを記したのだ。これは国の形が根本的に変わったことの宣言でもある。それまでは常に天皇が日本の中心にいて、国民はその臣民でしかなかった。しかし、その国民が主権者となるということは、トップ交代、日本国始まって以来の「下剋上」だ。だから、それをまず知らしめる必要があったということだろう。

恐らく当時、連合国側では、昭和天皇に戦争責任を取らせる声もあったに違いない。しかし、彼を処刑し、天皇家を廃止することにより、米軍への反発のみならず、日本の中心として永遠に記憶され、神格化されることを恐れたのかもしれない。理由は色々あっただろうが、最終的に天皇を存続させる決断をGHQが下した。だが、問題はその地位だ。

主権者が国民になれば、天皇がその上に来ることはあり得ない。とは言え、その下に置くことも難しい。だから、上にも下にも置かない存在として、「主権者の総意に基づく、国民統合の象徴としての天皇」という新しい概念を作り、シンボルとして存続させる方法を選んだのだろう。したがって、今の憲法上、天皇は人でも地位でもない。条文通り、それはシンボルなのだ。例えて言うなら、国旗と同じ存在だ。旗や人という実体を伴うものの、その本質は実体ではなく、ただの概念である。サンタクロースのような存在と言ったらわかりやすいかもしれない。

サンタクロースが本当にいると思う大人はいないだろうが、概念としては存在する。だから赤い服と帽子をまとい、白い髭をつければ誰でもサンタクロースになれる。それと同じように、国旗も日の丸に見えれば、小学生が画用紙に赤丸を描いても成立する。だから、天皇を誰が継承するか、女性天皇だろうが女系天皇だろうが、「憲法上」は全く無意味な議論だ。それは日の丸の大きさやサンタクロースの目の色を気にするようなもので、概念の定義の問題であり、だからそれは皇室典範に定義されている。だが、天皇があくまでも象徴である以上、ただの概念であることに変わりはない。

ただ、問題は、日本人がこの論理構造を理解しているかどうかだ。恐らく、多くの人は深く考えたこともないだろうし、ほとんど憲法すら読んでいないだろう。だから、象徴という言葉の意味も、それを第１条に記したことの意味もわかっていない。

多くの日本人にとって、いまだに天皇は天皇のままだ。戦後教育の影響で、以前の日本人にとっての天皇と、今の日本人にとっての天皇はかなり違うかもしれないが、記紀の神話からなるストーリーは今も語られ、特別な存在として認識されている。ある意味、それは生ける神話であり、私はかなり危険なことと捉えている。なぜなら、それがフィクションと現実を混同する思考を生み、現実をありのままに見ることを妨げるからだ。その結果が、神風特攻や焦土決戦のような現実離れした作戦であり、今もずっと続いている、全く現実が見えていないような金融経済政策ではないのか。

私は、あの終戦は、我々が神話の世界から脱却し、現実をしっかりと見て生き始める大チャンスだったと考えている。実際にその通りのことが憲法第1条で宣言され、天皇は我々主権者の象徴となり、我々の外側に存在する特別な何かではなくなった。しかし、昭和天皇という「概念の中身」が存在し続けたことにより、恐らくその概念の書き換えが進まず、この歴史的転換があまり認識されなかった。だからいまだに、昭和天皇の戦争責任など、多くの人は畏れ多くて問えないのだ。私に言わせればただの思考停止である。

今からでも遅くない。少なくとも今、我々は現行憲法をしっかりと読み込み、その意味をもう一度よく考えてみた方がいい。なぜなら、それが今も我々の憲法だからだ。いつ書かれたかや、誰が書いたかは問題ではない。いやなら書き換えればいい。その手順はあるのだから。

しかし、それをしていない限り、今もそれが我々の国家としてのあり方の宣言であり、全ての法体系の礎である。自分たちの宣言である以上、知らぬ存ぜぬは許されない。変えるとしても、その意味をしっかりと理解した後の話だ。理解せずに書き換えるということは、ただ変えたいだけということを露呈している。憲法改正が目的化していることの証明だ。

私は、現行の日本国憲法は、今の日本人にはまだとても書けないほど、崇高で素晴らしいものだと思っている。特に、個人の自由にここまで配慮した条文は、自民党の憲法草案を見てもわかる通り、ここまで同調圧力をかける大多数の国民からは出てこない。

また、そもそも憲法をいかに厳密に捉えるかについても、例えば第9条と矛盾する現状を放置し続け、さらに解釈を変えてしまったことも含め、その意味を真剣に考え、守ろうとしているとはとても思えない。それはいまだに第1条の意味すらほとんど理解されていないことからも明らかで、その中で憲法改正自体、意味があることとは思えない。守らない憲法を変えても意味がないし、逆に、理解されないことをいいことに、国民の自由を奪おうとする人たちに利用されるのが関の山だ。

いずれにしても問題は、我々が戦争をきちんと終わらせていないことだ。

その時の権力構造と、今の権力構造の決定的な違いすらよくわかっておらず、それを第1条から明確にしている憲法をないがしろにし、その時の精神構造のまま生き続けている。だから今さら天皇中心の国などと言い出す政党が出てくる。逆に天皇制廃止を主張する政党は出てこない。なぜなら、日本国民が、憲法第1条に書かれている権力構造のパラダイムシフトを本質的に理解せず、戦前と全く変わらない認識で天皇を捉えているから、そんなことは畏れ多くて考えられないからだ。今や共産党ですら反対の旗を下ろし、後で国民の総意で決めればよいと軟化している。

私自身も国民の総意で決めればいいと思っているが、少なくとも昭和天皇の戦争責任も含め、天皇制廃止の議論すらされない状況は異常だと考える。なぜなら、それこそが思考停止であり、そこにつながる権力構造や精神構造が温存されている証明であり、それが再度戦争を引き起こす根になるからだ。決めるのは後でいいとしても、少なくとも議論だけは今すぐ始めてもよい、というより、今までなかったことの方が不思議だ。この世に疑ってはいけないこと、終わってはいけないことなど何もないのだから。

第六章

日本人が世界を変える具体的な3つの方法

方法1　世界一の対外純資産を使う

すでに説明した通り、日本は無税国家に世界一近い国だ。その気になれば、インフラはほとんど無料化できるし、皆さんの労働時間を減らすこともできる。世界一働き過ぎ、世界一黒字を稼ぎ過ぎた結果、世界一の対外純資産が貯まっているのだから。つまり、その分、「世界一の余剰生産性」があるということだ。

基本的に国家が経済的に自立するためには、国内で自給できるものは自給し、自給できないものは海外から輸入できるだけの外貨を稼げば十分だ。しかし、日本はそれを33年間も世界一稼ぎ過ぎてしまっている。つまり、それが余剰生産性の意味だ。

本来であれば、貯まり過ぎた対外純資産を担保に政府紙幣を発行し、少しずつお金を配り、労働時間や生産を減らして輸出を減らし、余暇や消費を増やして輸入を増やし、少しずつ赤字にしながら黒字を減らせば、その余剰生産を消すことができた。それが、我々がこの30年にやるべき国家経営だった。今もまだそれはあるのだから、今からでもお金を作って配ることができる。

ただ、今それをして生産を減らし、黒字を減らすことが将来のために得策かどうかは議論の余地がある。海外投資収益も含めた経常収支は相変わらず黒字だが、原発停止以来の燃料輸入増を背景に、２０１５年以降、貿易収支は均衡している。言わば過去の遺産で食っているような状況で、ただ働くことを減らせば良いという状況ではなく、未来に対する投資を始めるべき時に来ていると私は考える。

ちなみに、これまでも説明してきた通り、投資とはお金を投じることではなく、人の時間と労力など、実体リソースを投じることだ。そのためのお金はただの数字で、いくらでも作ればいい。だが、人の時間と労力はそうはいかないため、しっかりとした国家戦略の下に、大事に使う必要がある。

使い先は大きく分けると二つ。まず一つは人に投じること。特に子どもたちの成長には大胆に投じる必要がある。今のようにお金が制約になることはあり得ない。教員の数はもっと増やせるし、学費など全て無料が当たり前、子育て費用も政府が負担すれば良い。生まれる環境によって教育の機会に差がつく現状は、憲法26条の「ひとしく教育を受ける権利」を侵害している。

また、戦後の画一的な教育システムを根本的に改める必要がある。テストなどの評価制度はいらないし、受験制度も本質から外れ過ぎている。もっと、人間のあるべき姿を総合的、本質的に捉えた成長サポートシステムが必要だ。今までの従順で画一的な労働者を作り出す教育システムや、それすら受ける機会を失わせる構造が、いかに多くの子どもたちの可能性を奪い、日本の生産性を損なってきたか、我々はしっかりと認識し、やり方を考え直した方がいい。

もう一つは、日本の社会、経済システムを根本的に見直し、作り直すこと。この数十年間、かつてこの国にあった多くの大事なものが失われてきた。一次産業のような本質的な価値を作る大事な業から、地域その他の各種コミュニティ、商店街などの社会インフラ、核家族化による世代を超えた交流、祭りなどの伝統行事や伝統文化／工芸／芸能や習慣、ライフスタイルなど、決して懐古主義に走るわけではないが、失くしてしまったものの大きさは計り知れない。

これらが失われた最大の原因は、恐らく、お金や時間の余裕がなかったことだが、再三説明してきた通り、それは解決できる。もちろん、お金だけではなく、人の生き方やあり方の変化も大きいが、それもお金や思い込みに捉われた結果であれば、考え方が変われば、それも変わる。大事なことは、皆さんがどんな社会で、どんな人たちと、どんな時間を過ごして生きたいか、だけなのだ。それを実現する意志さえあれば、そのためのリソースは世界一余っている。それが世界一の余剰生産性の意味だ。

もう一つ、失われた価値を取り戻す以外に、やはり新しい価値も作る必要がある。それは新しい時代を先取りした社会、経済の日本モデルを実現すること。そのキーワードとして私が大事だと思っているのは、三つの「自生」だ。すなわち、「自然に生きる、自由に生きる、自分を生きる」こと。後ろの二つは下巻に詳しく書くつもりだが、ここでは自然に生きることについて述べたい。

我々はあまりにも自然から離れ過ぎた。本来の日本は、もっと自然と共生していたはずだ。いつの間にか、自然を征服、コントロールする西欧思想に毒され、お金や効率ばかりを追い、何かあったら大変という極端な事なかれ主義に走っている。その結果が大量生産大量廃棄、添加物だらけの食品などにつながっている。それは本来の我々の生き方とは大きく異なるものだ。

我々はかつて、江戸時代までは完全に循環する社会を作っていた。古くからあるその知恵や生活習慣を活かし、現代の技術も組み合わせれば、日本ならではの社会、経済システムを作ることは可能なはずだ。例えば、多少不便になったとしても、使い捨て容器の禁止や包装や食料廃棄の規制によるゴミを出さない経済や、所有を減らす経済、必要以上に作らない、売らない経済など、日本ならではのモデルを作り、世界に示すことは可能だ。
ただし、そのためには、永遠の拡大生産、拡大消費を強制する今の金融システムや、強欲資本主義を根本的に変える必要がある。だから私はそれを伝えているし、日本には世界一の余剰生産性があるということも伝えている。それだけの余裕とマインドがある人たちがやらなければ他に誰がやるのか、と。

恐らく我々がその方向に舵を切れば、しばらくは貿易赤字になるだろう。なぜなら、その生産性を輸出より国内向けに使い、インフラ整備や各種技術開発、有形無形の仕組み作りや理念の共有などに多くを費やし、その分の輸入は増えるからだ。だが、いずれそれぞれが実を結べば、その日本モデルは世界を席巻する。当然、その技術やノウハウは世界に売れるようになるだろう。その時にはまた黒字に転換し、改めてそれを配って還元すればいいい。ただ、別の使い方も可能だ。

例えば、他国にあげるという考えはどうだろう？　当然のことながら、全ての国が黒字化することはあり得ない。必ず黒字があれば赤字が発生し、そこから抜け出せない国が出る。全ての国が収支均衡ということもあり得ない。したがって、世界平和のためには、まずは黒字国が赤字国を助けていくことである。日本がそのお手本を示してはどうだろう？　それこそ世界最強の安全保障だ。

もちろん、全ては皆さん次第だ。黒字をあげるなんてとんでもないと思うかもしれないし、意気に感じるかもしれない。いずれにしても、私が皆さんに伝えているのは、そのぐらい何でもできる国だということと、恐らくそれは日本しかないということだ。あとは我々一人一人が、何のために今、この日本に生まれてきたのか、何のために生きたいのかを考えて答えを出せばいい。それぞれ何でも構わない。どんな未来を想像したらワクワクするか、心に聞いてみればいい。そしてもし、それぞれが出した答えが、ある程度同じようなものになれば、それがこの国の方向性になる。私は単に、自分なりの答えを先に提示しているに過ぎない。皆さんはどう思われるだろうか？

方法2　憲法第9条を本気で実践する

この国の憲法第9条にはこう書いてある。

「日本国民は、正義と秩序を基調とする国際平和を誠実に希求し、国権の発動たる戦争と、武力による威嚇又は武力の行使は、国際紛争を解決する手段としては、永久にこれを放棄する。

②　前項の目的を達するため、陸海空軍その他の戦力は、これを保持

しない。国の交戦権は、これを認めない。」

「国権の発動たる戦争」とは自衛のための戦争のことであり、それすらも永久に放棄すると明記してある。自衛のための戦争は国際法上認められているから、自衛のための軍隊があっても憲法違反にはならないという意見もあるが、だからこそ、それも放棄すると明確に書いてあるのだ。したがって、自衛隊は明らかに憲法違反である。

にもかかわらず、解釈で逃げているのは、そもそも自衛隊が自分たちの意志によるものではなく、ＧＨＱに作られた存在だからだ。１９５０年に朝鮮戦争に兵力を取られた米軍の補完のため、ＧＨＱの命令によって警察予備隊が作られた。それが自衛隊の前身だ。後に自衛隊に改組され、現在に至る。

もしそれが、自らの意志で作られたものであれば、憲法も自らの意志で変えれば済む話だ。だが、恐らく民意は憲法第9条堅持だったのだろう。よって、憲法改正は難しい。だから恐らく、解釈で逃げるしかなかった。そしてそのまま矛盾を放置し続け、今に至る。

その結果、さらに矛盾が広がったのが、安倍晋三政権による集団的自衛権行使容認の閣議決定だ。自衛隊と憲法第9条の矛盾を放置し、目を背け続けた末に、どうせ従うだけだと見透かされ、さらに解釈を捻じ曲げられた。さすがに反対する人も多くいたが、結局日米安保そのものを問う声や、自衛隊の違憲性を唱える声はほとんど上がらなかった。単に慣れない矛盾に反応しただけで、慣れた矛盾には安住するのだ。

そして、あれから10年が経った。すでに多くの人がそれにも慣れ、安住しているように見える。このまま行くと、台湾有事で同盟国が中国と事を構えれば、我々は即、参戦することになる。外堀はすでに埋められている。だから、はっきり言えば、今さら騒いでももう遅い。全て、我々がやってきたことの結果なのだから。ただ、だからと言って何もできないわけではない。未来を変える糸口は、常に今ここにある。我々が今ある憲法を活かすかどうか。そもそもその意味をしっかりと理解し、それを本気で実践する気があるのかどうか。自分自身の心だけなら、今すぐここで決められる。全てはそこからなのだ。

命を賭して平和の礎になる覚悟はあるか？

もし、我々が本気で憲法第９条の精神を心に刻み、命懸けでそれを実践するなら、私は日本人が世界平和を作れると考えている。この地球を本当に平和にするなら、誰かが最初に武器を置く必要がある。もし、アメリカ、中国、ロシアという超大国に囲まれた国が、覚悟を持ってそれを実行するなら、私はそれが世界平和の始まりだと思っている。

ただし、それには在日米軍に出て行ってもらう必要がある。なぜなら、世界最強の軍隊を駐留させながら、平和国家など欺瞞でしかないからだ。しかも、人類史上初めて、それも二発も原爆を落とした国の核の傘の下にいるなど、犠牲者たちに対する裏切り以外の何ものでもない。

毎年8月に原爆の日を迎え、平和の祈りを捧げているが、本気で平和を希求し、核のない世界を望むなら、まずは日米安保条約を破棄し、その核の傘から出なければ筋が通らない。でなければ、一歩も進むはずがない。祈りの力は否定しないが、それも行動を伴うからこそ最大の力を発揮するのではないか。

私は、その具体性の欠如が、今の日本人の最大の弱点だと思っている。

それも、恐らく戦争の時から全く変わっていない。何の具体性もないまま精神論で突っ走ったから、完膚《かんぷ》なきまで叩き潰されたのではないのか。

今、世界を見回すと、再び大きな戦争の危機が迫っているように見える。その本当の理由は何なのか。そのメカニズムを、特に金融や政治の仕組みを知らないまま、ただ情緒的に平和だけを祈ってもそれは叶わない。

それどころか、そのナイーブさが、無自覚に戦争に加担し、平和とは真逆の結果をもたらす可能性が高い。特にアメリカ合衆国という世界で最も多く戦争をしている国に、無批判に付き従っていることの罪は重い。その戦費を世界で最も多く貸し、世界で二番目に多い基地を提供しているのが日本なのだ。それで平和国家などという嘘はあまりに恥ずかしい。少なくとも私は、そんな嘘に加担して生きるのはごめんである。

やることは明らかだ。戦争を終わらせるだけだ。日米安保条約を破棄し、米軍を撤退させる。そうして初めて、日本の戦後が始まる。その後にどうするかは自分たちで決めればいい。憲法改正して自衛隊を維持または増強するか、憲法第9条通りに自衛隊も解体し、丸腰になるか。

私は後者が日本の使命だと思っているが、これもまず、一人一人が答えを出す問題だ。我々全員の命に関わることで、誰かに決めてもらうことではない。あなたがどう生きて死ぬかはあなたにしか決められない。もちろん、考えたくないかもしれない。今までは何も考えず、何も決めなくても、米軍駐留を放置することで、漫然と生きて来られたのだから。わざわざそれをやめて、死ぬリスクなど取りたくないと思う気持ちもわからなくはない。

だが、考えてほしい。我々は今も、リスクを取っていないのか、と。世界で最も頻繁に戦争をしている国の軍隊を駐留させることにより、今後大きな戦争に巻き込まれ、多くの犠牲を出すリスクはないのだろうか。直接的な戦争に巻き込まれなかったとしても、我々が従属し続けることにより、病気や自殺による死者がどれだけ増えているか、そのリスクは本当に取っていないのか。

実は我々の普段の生活に、この問題は常に密接に関係している。しかし、我々はそれに目をつぶってきたのだ。もうごまかすのはやめよう。それによってどう死ぬかはわからないが、所詮、死は死である。問題はそれまでをどう生きるかであり、何のために生きるかだ。どうせ避けられない死を先延ばしにするために、自立を手放し、従い続けて搾取されて生きるのか、必ず来る死を受け入れ、自らの決定権を取り戻し、世界平和に殉じる覚悟で生きるのか。

これはあなたに対する問いである。日本国憲法にある通り、主権者は我々で、一人一人が出す答えの総体が国の方向性を決める。一人一人が答えを出さなければ、国の方向性はない。もしそれなしで動いているなら、死んだまま動くゾンビ国家だ。

そして、これは国の方向性以前に、一人一人の人生にとっても重要な問いだ。なぜなら、自分の命の使い途を自分で決めずに、生きたい人生は生きられないからだ。まずはそこからである。私が全国を回って話し続けているのは、一人一人がその答えを出せば、少なくともそれぞれが生きたいように生きられるし、その先に、初めて日本が世界平和の礎を築く未来があると信じているからだ。

日本人は米国債という世界平和への最強の切り札を持っている

言うまでもなく、世界で最も多く戦争をしている国がアメリカ合衆国であり、そのアメリカ政府に最も多く金を貸しているのが我々日本人である。つまり、世界で一番多く戦争に金を出している国が日本と言っても過言ではない。これについて皆さんはどう思うだろう？

もしそれが我々の信義に反するなら、米国債を売ればいい。ただ、口で言うほど簡単ではない。実際、これまで我々は売れなかった。かつて橋本龍太郎総理が海外の講演で「大量のアメリカ国債を売却しようとする誘惑に駆られたことは何度かある」と発言したものの、その誘惑に屈服することはないと述べている。恐らく、そうすれば何らかの「結果」がもたらされると考えてのことだろう。

それがどんなものなのか。例えば米国の映画監督のオリバー・ストーン氏は、自身の映画『スノーデン』のプロモーション来日でこんなことを述べている。「もし日本が同盟国でなくなった時に、インフラのバックドアから仕掛けられたマルウェアが作動し、日本のインフラを崩壊させるとスノーデンは語っていた」と。その真偽はわからない。しかし、彼の国が、この国や他の国に行ってきたことを考えると、十分考えられる話だ。

いずれにしても、最終的に日米安保条約を破棄する覚悟を持てない限り、何も始まらない。逆にそれを脅しの材料に使われて屈するようでは、あらゆる交渉も最初から負け戦だ。だが、もしその覚悟があれば、米国債を売ることも、それをカードに使うことも可能である。ただし、全てを国民的理解の上で、白日の下に行う必要がある。どういうことか？

もし、例えばとても決断力のある政治家が出現したとして、政権を取ったとしよう。そして、米国債を売るなり、それをカードにして様々な交渉を行うなり、最終的には日米安保条約を破棄することも視野に入れて米国と対峙したとする。しかし、もし彼の意図が十分浸透しないまま、そんなことを水面下で画策すればどうなるか。恐らく彼はたちまち排除されて終わるだろう。または、水面下の脅しに屈して、何もできない凡庸な政権のまま終わる。

だが、もし彼が自らの意図を明確にし、様々な可能性も示唆しながら国民とうまくコミュニケーションを取り、意思疎通を図りながら進めたらどうだろう。たとえその後、彼が排除されても、その理由を国民が理解し、その意志を共有していれば、それを継ぐ者が後から後から出てくる可能性がある。

また、前述のような卑劣な脅しは、それが明るみに出ることが最大の抑止力になる。適度に信憑性を持たせながら、あくまでも一つの可能性としてうまく情報発信すれば、彼の国も迂闊《うかつ》に手は出せないだろう。いずれにしても、国民の理解と意志の共有が肝心なのだ。それなしに米国債の売却も日米安保条約の破棄もあり得ない。

つまり、我々の意志と覚悟次第では、世界平和への道を拓くことができるということだ。世界で最も多く戦争をしている国の最大のスポンサーなのだから、我々がその資金を断ってしまえば続けられない。もちろんそんな単純な話ではないだろうが、我々の覚悟だけではなく、多くの米国の一般市民をも味方につければ、恐らく止めようもない動きになるだろう。彼らにとっても、戦争は決して望ましいことではないからだ。

図6のグラフはアメリカの貿易赤字を作り出しているものの正体を示し

図６．米国の防衛費と貿易収支

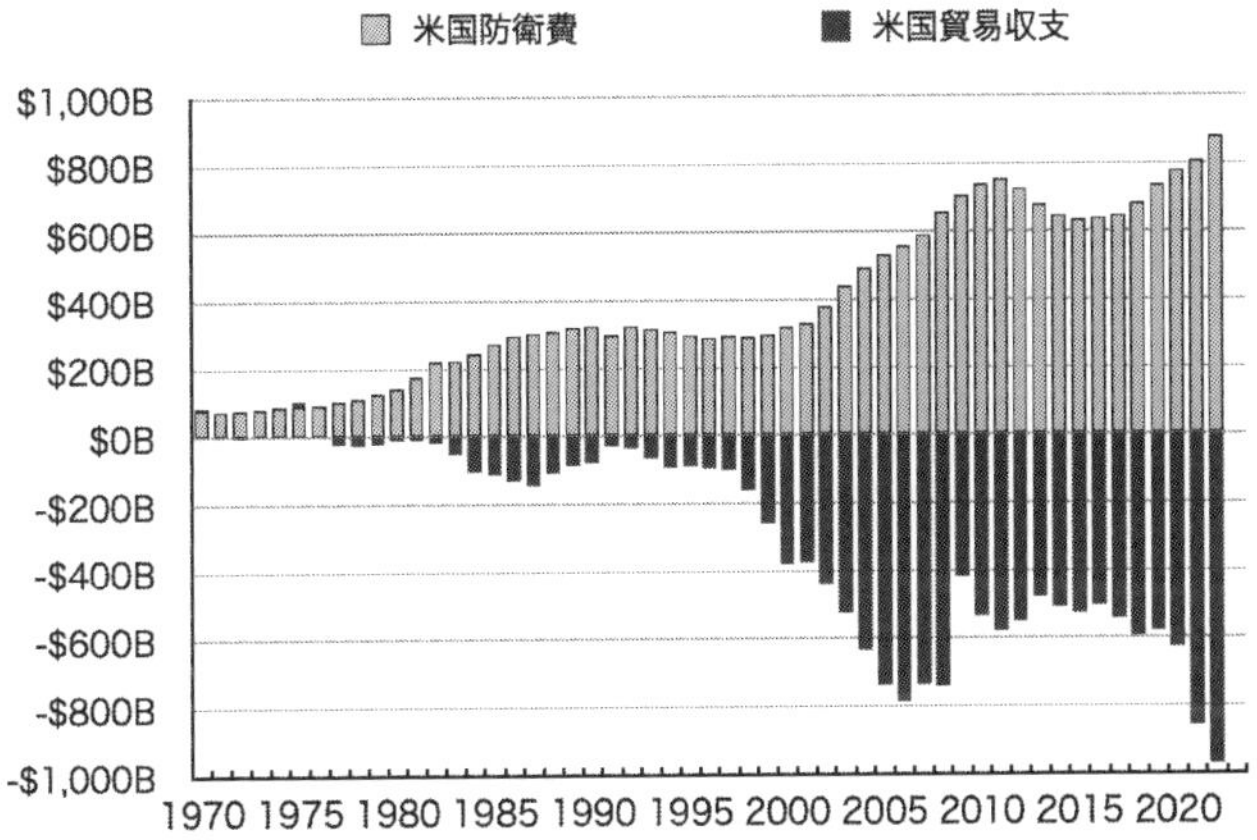

出典：世界銀行資料より著者作成

ている。下がアメリカの貿易収支、それとほぼ上下対称になっている、上の棒グラフが何だかわかるだろうか？　横軸の年も縦軸の金額も合わせてあるから、強い相関性があることがわかる。これはアメリカの防衛費だ。つまり、アメリカの防衛費が貿易収支を作り出していると言っても過言ではない。

要するに、それだけ多くの国民の時間と労力を、単なる破壊行為の軍事活動に使っているから、本質的な生産活動に使えず、その分の赤字が積み上がっている構図だ。その借金が国民生活を圧迫し、大多数の国民は全く幸せにはなっていない。その軍事活動を一番支援している日本が、それをやめれば、多くのアメリカ市民のためになる。それを彼らも理解すれば、味方になってくれるに違いない。そもそもこれは、国同士の問題ではないということが理解される日もそう遠くないだろう。いずれにしても、その最大の鍵を日本人が持っている以上、それを使わない手はない。我々自身のためのみならず、全人類のために。

方法3　日本人がもっとワガママに生きること

実は本書を書き始めた当初のタイトルは「ワガママのススメ」であった。それが今の日本人に伝えなければいけない最も大事なメッセージであり、世界の趨勢《すうせい》すら決めると思っているからだ。

ところが、たまたまその最中に人気YouTuberのTOLAND VLOGのチャンネルに出演し、本書の前半部分にあるような内容を話したところ、大きな反響があり、改めてより多くの人に知らせる必要性を感じた結果、その内容も盛り込んだ二部構成にしたというわけだ。

だから、ここからの後半部分（下巻）が実は、私が当初から最も伝えたい核心部分となる。前半部分の理解が追いつかなくても全く問題ない。それよりも遥かに重要なことが書かれている。

これからは恐らく、我々の内面、すなわち自分がどうあるかが外側を決めるという認識が当たり前になる時代だ。したがって、一人一人が自分の心のままにあることが何よりも重要であり、もし日本人が世界を変えるために担える役割があるとするなら、そこに寄与する役割が一人一人の心の中にあり、その通りに自分を動かすことでしかそれは成し得ない。なので、この部分が実は、「日本人が世界を救う具体的な3つの方法」のうち、最も重要な3つめの方法となる。

では、なぜそれが「ワガママのススメ」なのか？　それは、大抵の日本人が、それは悪いことと呪われ続け、自分の思い通りに自分を動かすことすらできなくなっているからだ。

これは正に呪いだ。子どもの頃から人に迷惑をかけてはいけない、自分勝手ではいけない、主張しすぎてはいけない、和を乱してはいけないと呪文をかけられ続け、皆がワガママになったら収拾がつかないと、勝手に他人の心配をするまで洗脳され、自分ばかりか他人にまで制約をかける。

だから、敢えて私はワガママという言葉を使った。その言葉につく否定的なイメージごと破壊しないと、この呪いはなかなか解けないからだ。それが解けない限りは、日本人が世界を救うこともないだろう。

これまでの二つの方法を読んで皆さんもわかったことと思う。そこに決定的に欠けているもの、それは「覚悟」である。対外純資産をどう使うか、どう在日米軍を撤退させ、憲法第９条通りに丸腰になるか。それらは強い意志と覚悟がなければ一歩も進まない。ワガママに生きることすらできない、意志薄弱な個人ばかりの国が、そんな強い意志を持てるだろうか。逆にもし、弱い意志の個人ばかりの国が強い意志を持ったとすれば、それは集団洗脳でしかない。戦争で、我々はそれを痛感したのではなかったか？

そして、戦争だけではなく、その後もずっとアメリカに従属し続けているのも、全て同じ理由だ。それは、我々一人一人が個人として自立していないからであって、アメリカのせいでも政治家のせいでもない。たまの選挙に票を投じるぐらいで、誰かが変えてくれることを期待し、小さな自分には何もできないと卑下し、結局従順にルールに従うだけの我々が、ごく親しい人にも言いたいことが言えないのに、核を持つ超大国に物申せるはずがない。

後半の第二部（下巻）では、いかに我々が自分自身を思い通りに、ワガママに動かすか、そのあり方や考え方について書く。全てはそこからなのだ。それができて初めて国家として自立し、世界を変えるような仕事ができる。そうでなくても、思い通り生きられれば、少なくとも自分は満足だ。そもそも国家も政治も、一人一人の満足いく人生のためにある。だから、ここから後半の記述が一人でも多くの人の心に刺さり、思い通り生きようと思ってくれれば、政治家としてこんな嬉しいことはない。

大西つねき（おおにし　つねき）

異次元政治家

1964年、東京生まれ。上智大学外国語学部英語学科卒業、シアトル大学政治力学専攻。

J.P. モルガン銀行他の米銀で為替ディーラーとして働いた後、IT 関係の会社で起業。

2011年震災をきっかけに、今の資本主義と金融システムの終焉を確信して政治活動を開始。

2017年第48回衆議院選挙に神奈川８区、2019年第25回参議院選挙に全国比例区、2021年第49回衆議院選挙に神奈川４区からそれぞれ出馬。現在も全国をキャンピングカーで回って、講演活動を続け、政治、経済、金融のみならず、精神世界や生き方、あり方について発信、意識の変容を促しながら一人一人の中から変化を起こす異次元政治を実践している。

覚醒せよ！

日本人が世界を救う具体的な3つの方法〈陰／上巻〉

第一刷　2025年3月31日
第二刷　2025年4月11日

著者　大西つねき

発行人　石井健資
発行所　株式会社ヒカルランド
〒162-0821　東京都新宿区津久戸町3-11　TH1ビル6F
電話　03-6265-0852　ファックス　03-6265-0853
http://www.hikaruland.co.jp　info@hikaruland.co.jp
振替　00180-8-496587

本文・カバー・製本　中央精版印刷株式会社
DTP　株式会社キャップス
編集担当　TakeCO／ソーネル

ISBN978-4-86742-473-5

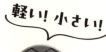

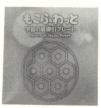

魔神くんで波動を転写

現在、世界最強かもしれない、波動転写器「魔神くん」を使って皆様に必要な秘密の波動をカードに転写しております。
こちらを制作したのは、音のソムリエ藤田武志氏です。某大手Ｓ◉NYで、CD開発のプロジェクトチームにいた方です。この某大手Ｓ◉NYの時代に、ドイツ製の1000万円以上もする波動転写器をリバースエンジニアリングして、その秘密の全てを知る藤田氏が、自信を持って〝最強！〟そう言えるマシンを製造してくれました。それに〝魔神くん〟と名付けたのは、Hi-Ringoです。なぜそう名付けたのか!?　天から降って湧いてきたことなので、わからずにいましたが、時ここにきて、まさに魔神の如き活躍を見せる、そのためだったのか!?　と、はじめて〝魔神くん〟のネーミングに納得がいった次第です。これからモノが不足すると言われてますが、良いものに巡り会ったら、それは波動転写で無限増殖できるのです。良い水に転写して飲むことをオススメします。カードもそのように使えるのです。

お好みのエネルギーを
お好きなものに転写し放題！

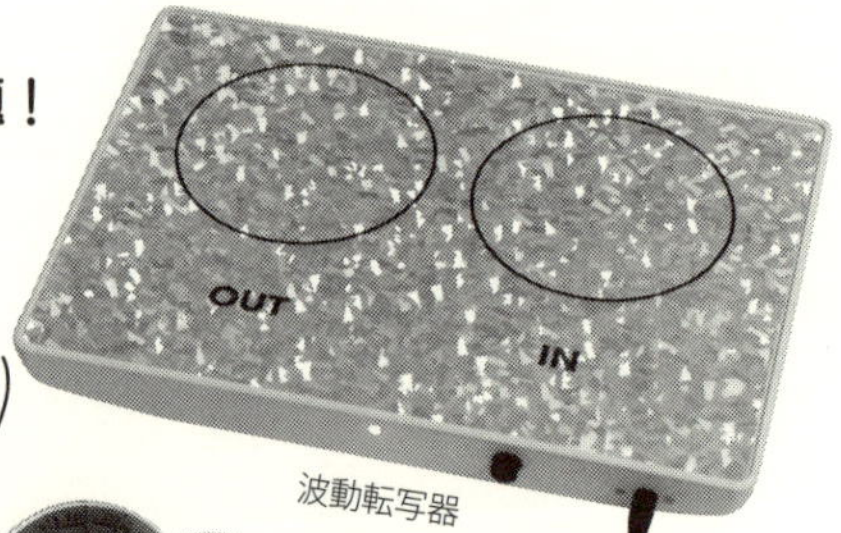

波動転写器

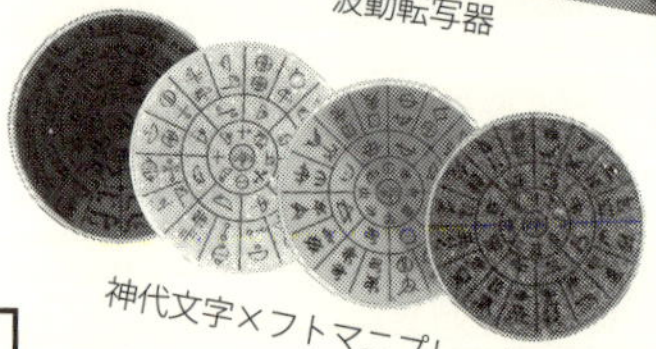

神代文字×フトマニプレート

ご注文QRコード

付属プレートの色別パワー

ピンクブルー：皮膚のかゆみに。
ホワイト：腰痛、肩こり、頭痛、こむらがえりに。
イエローグリーン：咳、腰痛に。
シルバー：花粉による悩み、目の疲れ、霊障に。

波動転写器〈神代文字×フトマニ〉
本質移転マシン【魔神くん】

220,000円（税込）

ご注文はヒカルランドパークまで TEL03-5225-2671　https://www.hikaruland.co.jp/

＊ご案内の価格、その他情報は発行日時点のものとなります。

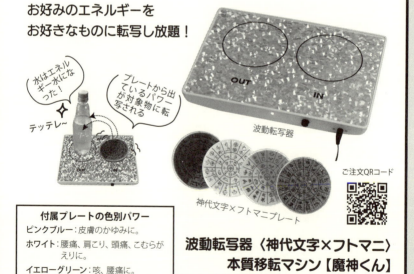

ヒカルランド　好評既刊!

地上の星☆ヒカルランド　銀河より届く愛と叡智の宅配便

英国王室はこうして乗っ取られた! ①
著者：[亡命王] フランシスコ・マノエル＆ジョセフ・グレゴリー・ハレット
訳者：Bonobo
四六ソフト　本体3,300円+税

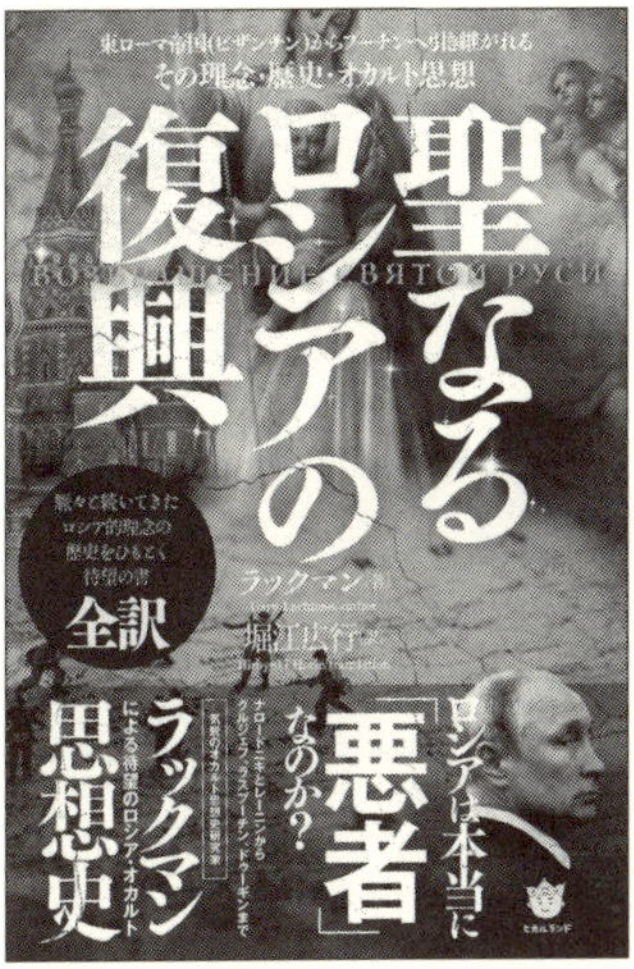

聖なるロシアの復興
著者：ラックマン
訳者：堀江広行
四六ソフト　本体6,000円+税

ヒカルランド　好評既刊！

地上の星☆ヒカルランド　銀河より届く愛と叡智の宅配便

【増補改訂版】
世界一わかりやすい地政学の本
著者：倉山 満
四六ソフト　本体1,800円+税

【新装版】
日本人の99%が知らない戦後洗脳史
著者：苫米地英人
四六ソフト　本体1,800円+税